WunderbareWerbeWelten

Marken
Macher
Mechanismen

Kataloge
der Museumsstiftung
Post und
Telekommunikation
Band 10

Impressum

Diese Publikation erscheint anlässlich der Ausstellung "WunderbareWerbeWelten. Marken, Macher, Mechanismen" im Museum für Kommunikation Berlin (15. Februar - 26. August 2001).
Weitere Stationen:
Museum für Kommunikation Frankfurt,
Museum für Kommunikation Hamburg,
Museum für Kommunikation Nürnberg

© Motiv Umschlag
Ausschnitt „Harmony", virtuelle Begleitfigur durch die Ausstellung
aisen GmbH, Berlin 2000

Katalogkonzeption und -redaktion
Helmut M. Bien
Angelika Kroll-Marth

Gestaltung und Satz
gewerk, Berlin

© Museumsstiftung Post und Telekommunikation 2001

© der Abbildungen und Texte liegt bei den Unternehmen, Agenturen, Archiven und privaten Sammlern, die die Ausstellung "WunderbareWerbeWelten. Marken, Macher, Mechanismen" freundlicherweise unterstützt haben.

Reproduktion
Text & Grafik GmbH, Heidelberg

Druck und Bindung
Wachter GmbH, Bönnigheim

Gesamtherstellung
Edition Braus, Heidelberg

Die Deutsche Bibliothek - CIP Einheitsaufnahme
Ein Titeldatensatz für diese Publikation ist bei der Deutschen Bibliothek erhältlich

ISBN 3-926318-93-7

Ausstellung

Konzeption
Helmut M. Bien
Angelika Kroll-Marth

Projektleitung
Sigrid Randa-Campani

Leihgabenrecherche und -auswahl, Ausstellungstexte und Abbildungen
Helmut M. Bien
Angelika Kroll-Marth

Ausstellungsarchitektur, -grafik und Multimedia
gewerk, Berlin

Allgemeine Mediarealisierung und virtuelle Figur „Harmony"
aisen GmbH, Berlin

Ausstellungsbau
hertzer & partner, Ausstellungsmanufaktur

Stoff- und Planenherstellung, Digitaldrucke
Lehe Plan, Produktions- und Management GmbH

Plakatmalerei
Volker März

Hörstationen
Martin Kamratowski

Ausstellungsorganisation
Veit Lemmrich

Begleitende Drucksachen
Katrin Lieber

Medienarbeit, Begleitprogramm
Monika Schneider

WunderbareWerbeWelten

Marken
Macher
Mechanismen

Herausgegeben von
Sigrid Randa-Campani

Mit Beiträgen von
Volker Albus
Helmut M. Bien
Norbert Bolz
Uwe Deese
Deutsche Post AG
Deutsche Telekom AG
Frank Feldmann
Berthold Bodo Flaig
Werner Gaede
Walter Grasskamp
Rolf Grimm
Peter Hoenisch
Werner Kroeber-Riel
Lothar S. Leonhard
Antonella Mei-Pochtler
Bernd M. Michael
Michael Mosch
Othmar Severin
Simone Tippach-Schneider

Eine Publikation
der Museumsstiftung
Post und
Telekommunikation

Edition Braus

Advocard ist Anwalts Liebling. Alle reden vom Wetter. Wir nicht. Alles frisch. Alles Müller, oder was? An meine Haut lasse ich nur Wasser und CD. Auf diese Steine können Sie bauen. Aufstehen! Fernsehen! Aus deutschen Landen frisch auf den Tisch. Aus dieser Quelle trinkt die Welt. Aus Erfahrung gut. Bauknecht weiß, was Frauen wünschen. Bezahlen Sie einfach mit Ihrem guten Namen. Bild Dir eine Meinung! Come together and learn to live as friends. Connecting People. Da weiß man, was man hat. Dahinter steckt immer ein kluger Kopf. Das beste Persil, das es je gab. Das grüne Band der Sympathie. Das Huhn, das goldene Eier legt. Der Duft der großen, weiten Welt. Der nächste Winter kommt bestimmt. Der Sekt mit dem gewissen Extra. Der Weg lohnt sich. Die Beine Ihres Autos. Die feine englische Art. Die schönsten Pausen sind lila. Die tolle Kiste. Die wilde Frische von Limonen. Die zarteste Versuchung seit es Schokolade gibt. Drei Dinge braucht der Mann. Ein ganzer Kerl dank Chappi. Er läuft und läuft und läuft ... Erfrischend anders. Es gibt Formen, die kann man nicht verbessern. Es trifft mehr als man denkt. Es war schon immer etwas teurer, einen besonderen Geschmack zu haben. Fakten, Fakten, Fakten. Frau Antje bringt Käse aus Holland. Frohen Herzens genießen. Gib Aids keine Chance. Gut Gelaunt Genießen. Gut ist uns nicht gut genug. Halber Preis fürs ganze Volk. Haribo macht Kinder froh. Hoffentlich Allianz versichert. Ich freu mich auf's Büro. Ich geh meilenweit für eine Camel Filter. Ich rauche gern. Ich trinke Jägermeister, weil ... Ich war eine Dose. Ich will so bleiben wie ich bin. Ihr guter Stern auf allen Straßen. Ist die Katze

Slogans

gesund, freut sich der Mensch. Jacobs Kaffee wunderbar. Just do it! Katzen würden Whiskas kaufen. Keine Experimente. Kleb Dir eine. Leben Sie. Wir kümmern uns um die Details. Let´s go West! Mach mal Pause. Man gönnt sich ja sonst nichts. Man nehme Dr. Oetker. Mars macht mobil bei Arbeit, Sport und Spiel. Mehr Bank braucht kein Mensch. Mit fünf Mark sind Sie dabei. Neckermann macht´s möglich. Nicht immer, aber immer öfter. Nicht sauber, sondern rein. Nichts geht über Bärenmarke. Nichts ist unmöglich. Nie war er so wertvoll wie heute. Nogger Dir einen. Nur Fliegen ist schöner. Nur Küsse schmecken besser. Odol gibt sympathischen Atem. Otto find´ ich gut. Pack den Tiger in den Tank. Persil bleibt Persil. Putzt so sauber, daß man sich drin spiegeln kann. Quadratisch, praktisch, gut. Reduce to the max. Smart. Ruf doch mal an. Samstags gehört Vati mir. Sauber fährt am längsten. Schnell soll es gehen, mit Liebe geschehen. Schreib mal wieder. Sind wir nicht alle ein bisschen bluna. So wertvoll wie ein kleines Steak. So sicher wie der grüne Daumen. Soviel Auto braucht der Mensch. Strahler Küsse schmecken besser. Test the West. Underberg und Du fühlst Dich wohl. Unglaublich, aber vario. Unkaputtbar. Vorbeugen ist besser als Bohren. Weniger ist mehr. Wenn einem soviel Gutes widerfährt, ist das schon einen Asbach Uralt wert. Wer wird denn gleich in die Luft gehen. Wir geben ihrer Zukunft ein Zuhause. Wir machen den Weg frei. Wir schaffen das moderne Deutschland. Wir schaffen die alten Zöpfe ab. Yello. Strom ist gelb. Zum Kippen viel zu schade.

Inhalt

Vorwort
10   Joachim Kallinich
       AIDA – alles Verdi oder was?

Geleitwort
14   Lothar S. Leonhard
       Vom Wert der Werbung
       Motor der wirtschaftlichen
       Prosperität

Werbegeschichte
20   Othmar Severin
       Ein Club wirbt für die Werbung
       Gespräch zur Geschichte des
       Art Directors Club für Deutschland

28   Helmut M. Bien
       Auf du und du mit dem Zeitgeist
       Zur Nachkriegsgeschichte der
       Werbung in Deutschland

46   Simone Tippach-Schneider
       Stiefkind der Planwirtschaft
       Werbung in der DDR bis zu ihrem
       Verbot 1975

Marketing
56   Bernd M. Michael
       Wenn die Marke „Love me!" schreit
       Marken auf Partnersuche

64   Berthold Bodo Flaig
       Werbung braucht Marktforschung
       Beispiel: Sinus-Milieus in Ost und West

72   Antonella Mei-Pochtler
       Sharebranding – die Aktie als Marke
       Der Wettbewerb um die Gunst
       der Anleger

78	Deutsche Telekom AG Mit hohem Tempo in die Weltspitze Integrierte Kommunikation	154	Walter Grasskamp Werbefiguren Ikonen der Warenwelt
92	Deutsche Post AG Werbung Deutsche Post World Net Börsengang Deutsche Post	162	Frank Feldmann Leistung, die bewegt Sportsponsoring und Markenbildung bei Opel

Werbewirkung

108	Die Werbemacher Agentur-Alltag bei Scholz & Friends Berlin, Wöhlertstr. 12/13, Berlin-Mitte	170	Michael Mosch Maus auf Tasse, Schumi auf Tempo Große Namen in Lizenz
112	Werner Kroeber-Riel Bilder sind schnelle Schüsse ins Gehirn Wirkungsgesetze der Bildkommunikation	178	Uwe Deese Ein Event-Veteran erzählt: Die Leute wollen, dass was passiert…

Werbekult

118	Werner Gaede Kreativität fällt nicht vom Himmel! Werbeerfolg dank Abweichen von der Norm	184	Norbert Bolz Cargo-Kult und Werbe-Opfer Was Religion, Gesellschaft und Konsum zusammenhält

Werbemedien

130	Rolf Grimm Das Anzeigengeschäft – die „andere Seite" der Zeitschrift Publikumszeitschriften als Werbeträger
138	Peter Hoenisch Das Medium als Marke Die RTL-Story

188	**Autoren**
190	**Dank**
190	**Leihgeber**
192	**Bild- und Textnachweis**

Werbewelten

144	Volker Albus Kauf mich! Prominente in der Werbung

Die Marke

Markengesetze sind Naturgesetze. HANS DOMITZLAFF, 1951

Das Schicksal einer Marke ist ihr „sales appeal", der Kaufreiz, den sie spontan und augenfällig ausstrahlt. HANNS W. BROSE, 1986

Die zentralen Merkmale der Kommunikation sind also: Übermittlung von Informationen und Bedeutungsinhalten zum Zweck der Steuerung von Meinungen, Einstellungen, Erwartungen und Verhaltensweisen gemäß spezifischen Zielsetzungen. HERIBERT MEFFERT, 1980

Der Wert einer Marke existiert nur im Kopf des Kunden. DAVID BOSSHARD

Radikal einfach

Erzähle auf dem Plakat keinen Roman, denn niemand will sich auf der Straße kalte Füße holen. ERNST GROWALD, 1910

Die Anzeigenseite ist kein Platz, an dem man die eigene Cleverness zur Schau stellt. Der Zweck einer Anzeige ist die Verkaufsförderung. Und wenn Witz und gute Texte und gute Gestaltung dazu verhelfen, die Vorzüge eines Produktes plausibel und einprägsam zu machen, mein Gott, dann ist es die beste Werbung, die man machen kann! WILLIAM BERNBACH, 60ER-JAHRE

Werbung ist die Kunst der Wiederholung. MARCEL REICH-RANICKI, 90ER-JAHRE

Die Einfachheit ist die Würze des Wesentlichen. Der Mensch ist, wenn nicht faul, so bestenfalls lässig in seiner Wahrnehmung. Komplizierte Wahrnehmung ist hartes Brot. Aber, handfertige Häppchen werden immer mit Entzücken genommen. Reduce to the max. Das ist smart. VILIM VASATA, 2000

Geheime Verführer

Der Wurm muss dem Fisch schmecken nicht dem Angler. VOLKSMUND

Hässlichkeit verkauft sich schlecht. RAIMOND LOEWY, 1953

Wer einen Werbespot in Auftrag gibt, der muss nicht die Stärken seines Produktes, sondern die Schwächen des Käufers kennen. NEIL POSTMAN

Eiserne Regeln

Das Wichtigste ist: Mach es niemals so, wie es jemand vor dir gemacht hat. Oder man kann auch sagen: Mach es stets anders, als es die anderen machen. KURT SCHWITTERS

Regeln sind in der Werbung so hilfreich wie Krücken beim 100-Meter-Lauf. KONSTANTIN JACOBY

Die Hälfte des Geldes, das ich für Werbung ausgebe, ist zum Fenster rausgeworfen – ich weiß nur nicht, welche Hälfte das ist. HENRY FORD ZUGESCHRIEBEN

Es ist der größte Fehler in der Werbung, keinen Mut zu haben. Keinen Mut zu haben ist verdammt teuer. Mutlose Werbung ist rausgeschmissenes Geld. WALTER LÜRZER, 1999

Imageprobleme

Wenn Sie die Wohlstandsgesellschaft für unerwünscht halten, so haben Sie Recht, wenn Sie die Werbung dafür verantwortlich machen, dass die Menschen danach streben. DAVID OGILVY, 1963

Sagen Sie meiner Mutter nicht, dass ich in der Werbung arbeite. Sie denkt, ich bin Pianist in einem Bordell. JACQUES SÉGUÉLA, 80ER-JAHRE

Wenn ich sage „Werbung ist Kunst" will ich sagen, die Werbung ist heute das, was früher einmal die Kunst war. Was Malerei, was Literatur, was Skulptur waren, ist heute Werbung. MICHAEL SCHIRNER

Du bist ein Dialogmacher und Strömelenker. Und, öffentlich. Du hast den Job, um Leuten zu helfen, nah an ihre Leute im Markt heranzukommen. Für ihre Jobs, die wieder Jobs machen, das ist wahr. VILIM VASATA, 2000

Statements

Magie der Werbung

Der heute wesenhafteste, der merkantile Blick ins Herz der Dinge heißt Reklame. Echte Reklame kurbelt die Dinge heran und hat ein Tempo, das dem guten Film entspricht.
WALTER BENJAMIN

Die Werbung ist zukünftig stärker im Rahmen der Unterhaltungskonkurrenz zu sehen – in Konkurrenz zu Comics und unterhaltsamen Groschenheften, zu Fernsehfilmen und Videoclips, zu Musicals und Shows, zu Computerspielen... WERNER KROEBER-RIEL, 1985

Die Werbung schafft eine Welt, in der wir in magische Beziehung zu den Gütern treten. Indem man den richtigen Markenartikel kauft, hat man den Schlüssel zur magischen Welt von Mode und Lifestyle.
SUT JHALLY, 90ER-JAHRE

Werbung zwischen Marx und Coca-Cola

Wenn Sie kein Coca-Cola Schild mehr sehen, haben Sie die Grenzen der menschlichen Zivilisation erreicht.
COCA-COLA WERBEBROSCHÜRE, 60ER-JAHRE

Früher war die Welt der Wirtschaft noch einfach: Der Kunde suchte Waren – und der Markt hat informiert. Heute sucht die Ware Kunden – und der Markt verführt.
DAVID BOSSHARD, 1995

Die Werbung ist ein glitzerndes Spiegelkabinett. Indem sie uns immer wieder vorführt, wieviel Spaß es doch macht, glücklich wie die Blöden zu konsumieren, nimmt sie uns letztlich völlig den Appetit. OLIVIERO TOSCANI, 1995

Seit den 60er-Jahren sind die Werbestrategen die besseren Marxisten. BAZON BROCK, 1996

Nicht mehr die Marke „drückt" ihre Botschaft in die Medien, der Verbraucher „zieht" sich seine Marke aus dem Gestrüpp der elektronischen Medienzukunft. Es ist wie mit der verdammten Erziehung von Jugendlichen in unseren Tagen. Man kann ihnen einfach nichts mehr sagen. Sie müssen von selbst drauf kommen. Und dazu müssen sie einen auch noch mögen. MATTHIAS HORX, 1995

Vorwort
AIDA – alles Verdi oder was ?

AIDA. Natürlich die Oper von Verdi. Aber für Werbefachleute schwingt die grandiose Musik nur ganz im Hintergrund mit. AIDA ist für sie eine zentrale Gestaltungsregel der Werbebranche: ATTENTION – Aufmerksamkeit erregen durch irgendeinen Schlüsselreiz, INTEREST – Interesse wecken an dem Produkt und auch schon DESIRE – den Wunsch, dieses Produkt zu besitzen, der mündet in ACTION – im Kauf. Die Formel AIDA selbst demonstriert, was sie erklärt: der verfremdete Operntitel wird zum Reizwort, das Interesse und den Wunsch nach Aufklärung provoziert und das die aktive Auseinandersetzung mit der Gestaltungsregel nahelegt.

AIDA – das ist immer auch ein Stück Verführung. In den Siebzigerjahren war Werbung deshalb häufig das Objekt gesellschaftlicher Analysen. Im Kunstunterricht trat die Schulung an den großen Kunstwerken der Vergangenheit zurück; die visuelle Präsenz der Werbung forderte zur Auseinandersetzung heraus. Werbung wurde attackiert als ideologisches Instrument, das den Menschen Luftschlösser in den Kopf setzt und das ihnen unentbehrlich erscheinen lässt, was sie eigentlich weder wünschen noch brauchen – Werbung, so hieß es, stellt schöne Verpackungen bereit ohne Rücksicht auf die Qualität des Inhalts.

Diese kritische Attitüde ist nicht ganz verschwunden, und schließlich steigen die Werbeagenturen ja auch dann nicht immer aus, wenn es gilt, Eisschränke an Eskimos zu verkaufen. Aber inzwischen weiß man, dass gute Werbung nicht an schlechte Produkten gekoppelt sein muss, dass sie bei aller verwirrenden Vielfalt auch Orientierungen bereitstellt, und vor allem, dass sie einen eigenen Wert schaffen kann, den man mit dem Produkt erwirbt. Die Gegenüberstellung von Warenwelt und wahrer Welt hat ihre Brisanz verloren, und die Angebote und Zeichen der Werbung sind zum Bestandteil eines lebendigen Identitätsspiels geworden: man kann wechseln zwischen dem T-Shirt mit Krokodil und dem gestylten Anzug aus einer exklusiven Markenwerbung, man hat die Wahl zwischen Paloma und Sabatini – Namen und Zeichen und kurze Werbetexte sind Signale, die ein ganzes Paket von Assoziationen transportieren. Spiel, nicht Lüge – es gibt so viel Möglichkeiten der Stilisierung und der Verwandlung, dass es töricht erschiene, sich ein für allemal in ein strenges Gehäuse zurückzuziehen (das ja auch nur eine Möglichkeit unter vielen wäre). Die mobilen Möglichkeiten unseres Lebens und der globale Horizont haben nicht nur der Werbung immer mehr Spielmaterial zugeführt, sondern auch ihren Adressaten und Adressatinnen neue Optionen eröffnet.

Das schließt nicht aus, dass Werbung lästig sein kann. Sie kann die beworbenen Gegenstände profilieren, aber auch überwuchern. Eingeschobene Werbeblöcke können die erzählerische Struktur von Filmen beschädigen, und wichtige Nachrichten sind zwischen den Annoncen oft kaum zu finden. Gleichzeitig aber ist Werbung eine eigene ästhetische Form, an die man sich im Straßenbild, im Kino, beim Fernsehen und bei der Lektüre nicht nur notgedrungen gewöhnt, sondern die man auch zu genießen gelernt hat.

Werbung gehört zum Kommerz und ist eine Kunstform. Und sie ist gleichzeitig Teil unserer alltäglichen Kommunikation, in der es ja auch jenseits der professionellen Werbung oft darum geht, die Gesprächspartner von etwas zu überzeugen und für etwas zu gewinnen. In diesem Sinn ist natürlich auch dieser kurze Einleitungstext Werbung – er wirbt für den Besuch der Ausstellung und für den Kauf des Katalogs: AIDA.

Joachim Kallinich
Direktor
Museum für Kommunikation Berlin

Geleitwort

Lothar S. Leonhard
Vom Wert der Werbung
Motor der wirtschaftlichen Prosperität

Für das Jahr 1999 weist die Statistik des Zentralverbandes der deutschen Werbewirtschaft (ZAW) Brutto-Werbeinvestitionen von 61,5 Mrd. DM für Deutschland aus. Knapp 43 Mrd. davon gingen als Einnahmen an die Werbeträger. Für das Jahr 2000 wird ein weiteres Wachstum von ca. 4 Prozent prognostiziert. Diese Vorhersage fällt nicht besonders schwer, liegen doch die Werbeinvestitionen beinahe naturgemäß bis zum Doppelten über der Wachstumsrate des Brutto-Inlandproduktes (BIP). Die Werbung hat sich als Motor der wirtschaftlichen Prosperität in allen marktwirtschaftlichen Gesellschaften herausgestellt, in denen das Angebot die Nachfrage übertrifft und Produkte und Dienstleistungen vermarktet werden müssen.

Motor der Wirtschaft

Die kräftigsten Investitions-Impulse kommen vom Automarkt, von den Massenmedien, den Telekommunikationsnetzen, dem Handel, von Schokoladen- und Süßwarenprodukten, von der pharmazeutischen Industrie und von Finanzdienstleistern. Diese Rangreihe der Impulsgeber für die Werbekonjunktur ist zugleich auch ein Spiegelbild für die Ausrichtung unserer Gesellschaft in ihren Konsum- und Verhaltens-Prioritäten. So spielte die Telekommunikation vor zwanzig Jahren in dieser Aufstellung noch keine Rolle, während die Werbung für Zigaretten, für Waschmittel, für Möbel und Einrichtung, für Audio-Video-Geräte oder für Kaffee eine deutliche Rolle in der Rangliste der Werbedynamik spielte. Diese Branchen kommen heute in der Aufstellung der werbeintensivsten fünfzehn Angebotsfelder noch nicht einmal mehr vor.

Nicht oder noch nicht viel hat sich im Einsatz der Werbemedien verändert. Unangefochten stehen die Tageszeitungen als Werbeträger an der Spitze, gefolgt vom Fernsehen, von der Direktwerbung und den Publikumszeitschriften. Alle diese Medien zeigen für das Jahr 1999 Zuwachswerte zwischen dreieinhalb und siebeneinhalb Prozent; Zeitschriften und das Fernsehen verbuchen die größte Dynamik. Von der viel beschworenen Revolution im Medienmarkt durch die neuen Online-Medien ist noch nichts zu erkennen. Die Werbeeinnahmen der Internet-Angebote haben zwar Zuwachsraten von zweihundert Prozent. Ihr Anteil am Markt der erfassbaren Werbeträger liegt aber noch bei unter einem Prozent.

Die Werbung wird ihrer Funktion als Motor der Wirtschaft auch durch ihren Einfluss auf den Arbeitsmarkt gerecht. 360.000 Beschäftigte werden aktuell in der deutschen Werbewirtschaft gezählt. Reduziert man die Betrachtung auf den Bereich der Werbegestaltung, also auf Agenturen und angrenzende Sektoren, sind es 130.000 Beschäftigte. Der Arbeitsmarkt Werbung ist gegenwärtig von ausgeprägten quantitativen und qualitativen Veränderungen geprägt. Der Bedarf an gut ausgebildeten Fachkräften ist so hoch wie niemals zuvor. Diese starke Nachfrage begründet sich nicht nur in der Dauerkonjunktur der Werbung, sondern vor allem auch in den komplexer werdenden Strukturen der integrierten Kommunikation mit einer Ausweitung der Berufsbilder in der Werbung. So ist der Mediengestalter für Digital- und Printmedien ein neuer Ausbildungsgang. Für den Multimediabereich werden Techniker mit kreativer Begabung gesucht. Die Universitäten bieten inzwischen Studiengänge für Mediawissenschaften, Mediendesign, Medieninformatik oder Medientechnik an.

Beschäftigte in der Werbewirtschaft 2000

Kernbereiche des Werbegeschäfts

Werbegestaltung
Werbefachleute bei Werbeagenturen, Grafik-Ateliers, Schauwerbern, Werbefotografen, Film- und Lichtwerbung — 130.000

Auftraggeber von Werbung
Werbefachleute in Werbeabteilungen der Anbieter (Hersteller, Dienstleister, Handel) — 37.000

Werbemittel-Verarbeitung
Werbefachleute bei Verlagen, Funkmedien, Plakatanschlagunternehmen — 13.000

Korrespondierende Bereiche

Zulieferbetriebe
Von Aufträgen der Werbewirtschaft abhängige Arbeitsplätze beispielsweise in der Papierwirtschaft und der Druckindustrie — 180.000

Gesamt — 360.000

15/1

Einstellung der Bevölkerung zur Werbung

Stimme voll und ganz bzw. weitgehend zu…	Gesamt	Abitur/ Studium	hohes Politikinteresse
Werbung ist nützlich für unsere Wirtschaft	81	87	84
Werbung sichert auch Arbeitsplätze	79	83	80
Werbung sichert die Existenz vieler Medien und damit auch die Meinungsvielfalt	78	76	78
Werbung ist Teil des modernen Lebens	73	81	75
Werbung ist etwas ganz Normales	69	80	72
Werbung bringt oft nützliche Tipps	41	31	40
Werbung erleichtert mir das Einkaufen	21	14	18

15/2

Quellen:

15/1
Statistisches Bundesamt (Wiesbaden), Bundesverband Druck und Medien (Wiesbaden), Verband Deutscher Maschinen- und Anlagenbau (Frankfurt am Main), Verband Deutscher Papierfabriken (Bonn), ZAW-Berechnungen.

15/2
Basis: 1.968 Personen ab 14 Jahren, die mindestens einmal in der Woche fernsehen; Befragungszeitraum Juni 1999. Auftraggeber: ARD-Werbung und ZDF-Medienforschung/ZDF-Werbefernsehen. Durchgeführt vom Institut Media Markt Analysen (MMA), Frankfurt am Main.

Ohne Marke kein Markt

Die Wirtschaft wird künftig noch mehr als bisher schon von Information und Kommunikation bestimmt werden. Kein Produkt und keine Dienstleistung lässt sich ohne Werbung noch erfolgreich im Markt platzieren. Produkt- oder Leistungsvorteile sind häufig kaum mehr darstellbar und zudem selten von langer Dauer. Wer wollte behaupten, sich im Dschungel der Telekommunikations-Offerten oder der Energielieferanten wirklich zurechtzufinden? Und selbst bei technischen Gebrauchsgütern wie dem Automobil sind Produktunterschiede kaum noch objektiv nachvollziehbar. Qualität und wettbewerbsfähige Leistungsfähigkeit gehören inzwischen zu den handwerklichen Sekundär-Tugenden, ohne die ein Überleben im Markt von vornherein aussichtslos ist. Erfolg hat, wem es gelingt, eine Marke zu etablieren. Darauf richten sich heute alle Werbeinvestitionen. Selbst Banken oder Investitionsgüter-Hersteller, die vor noch nicht allzu langer Zeit eine Marke für etwas hielten, das im Regal liegt, wissen inzwischen um den Wert ihrer Marke, der sich auch unmittelbar im Börsenkurs niederschlägt. Die Bewertung von Unternehmen ist heute vor allem eine Bewertung des Markenwertes, der bis zu neunzig Prozent des Unternehmenswertes ausmachen kann. Diese Renaissance der Marke hätte noch vor zwanzig Jahren kaum jemand ernsthaft vorhergesagt.

Dieses über hundert Jahre alte Instrument für einen nachhaltigen Markterfolg bestimmt auch das Geschehen in der New Economy. Alle Anstrengungen der Start-up-Firmen im Internet laufen darauf hinaus, eine Marke zu etablieren. Nicht nur, dass diese so unkonventionelle Online-Industrie dafür enorme Summen in Werbung investiert. Die Werbegelder fließen zum größten Teil auch in die konventionellen und breit streuenden klassischen Massenmedien TV und Print, in die Medien also, die vor nicht allzu langer Zeit von den Online-Betreibern als aussterbend bezeichnet wurden. Die Werbeflut nimmt also auf allen Kanälen zu, weil noch mehr Marken um ihre Relevanz bei ihren Zielgruppen kämpfen. Zurzeit werden in Deutschland etwa 55.000 Marken beworben; 3.000 davon im Fernsehen. Das ist aber nur die Spitze des Eisbergs. Immer neue Kommunikationsformen für eine umfassende Markenvermarktung kommen hinzu. Sponsoring in nie gekanntem Ausmaß, Markentransfers auf weite Felder des Konsumverhaltens und die gerade erst einsetzende dialogfähige Werbung über das Internet, die demnächst die TV-Werbung revolutionieren wird, konfrontieren uns so unentrinnbar mit den Marken, die um unsere Aufmerksamkeit ringen wie niemals zuvor.

Verbrämte Verbote

Da kann es nicht ausbleiben, dass sich Widerstände regen. In Befragungen nimmt die Neigung zur Skepsis oder gar zur Ablehnung von Werbung zu. Allerdings muss man hier sehr sorgfältig unterscheiden zwischen nahe liegenden Antworten auf populäre Suggestivfragen und dem tatsächlichen Verweigerungspotenzial. Wer kann erwarten, dass Unterbrecherwerbung im Fernsehen als Gewinn bringend vom Zuschauer beurteilt wird, wenn er doch einen Spiel- und keinen Werbefilm eingeschaltet hat? Der Boom für Werbeausblendgeräte ist indes bislang ausgeblieben. Eine ARD/ZDF-Studie hat im Übrigen erst im letzten Jahr eindrucksvoll bestätigt, dass die Bevölkerung in hohem Maße sehr wohl den Nutzen der Werbung für Wirtschaft und Gesellschaft erkennt.

Von ganz anderer Auswirkung sind die zunehmenden Tendenzen, Werbebeschränkungen oder Verbote zu erlassen. Oberflächlich betrachtet scheint sich das Thema auf Zigaretten oder Alkohol zu reduzieren, Produktbereiche, bei denen sich schnell eine latente Zustimmung zur Zensur einstellt. Ein Zusammenhang zwischen Suchtgefährdung und Werbewirkung erscheint schnell plausibel und die Gegenargumente wirken akademisch und als profane Interessenvertretung der betroffenen Industrie. Die Realität ist aber viel dramatischer. Für nahezu alle Produktgattungen liegen in Brüssel inzwischen Schubladenentwürfe für Regulierungsmaßnahmen der Werbung bereit, für Automobilwerbung ebenso wie für Spielzeugwerbung, für Süßwarenprodukte ebenso wie für Sportgeräte. Die Politik geht in ihrer Rahmengestaltung davon aus, dass Werbung wirkt. Also muss die von ihr gewünschte Lenkung am ehesten zu erreichen sein, wenn in die Werbung eingegriffen wird. Die Einsicht in die äußerst begrenzte Wirkung von Werbung auf gesellschaftliche Normen wie Genussmittelkonsum oder Mobilitätsverhalten ist nur schwer zu erreichen. Dafür ist der Blick umso mehr verstellt, um zu erkennen, dass Eingriffe in die Werbefreiheit Einschränkungen der wirtschaftlichen Entfaltung von Unternehmen bedeuten.

Die Faszination bleibt

Das Image der Werbung in Deutschland ist durch ihre Allgegenwärtigkeit keineswegs schlechter geworden. Nicht nur, dass immer wieder Kampagnen der unterschiedlichsten Absender Kultstatus erlangen, nicht zuletzt auch dadurch, dass die Mitwirkung bei Werbefeldzügen auch in der Prominenz inzwischen als hoffähig gilt. Seit einiger Zeit überschwemmt geradezu eine Flut von Kampagnen mit Prominenten unsere Medienlandschaft. Und man kann anscheinend inzwischen ausnahmslos alle Zelebritäten für einen Werbeauftritt gewinnen, darunter auch solche, die das noch vor kurzem als Zumutung abgelehnt hätten. Nicht das Geld sei die Triebfeder, so war im Feuilleton einer großen Tageszeitung zu lesen, sondern wohl die Erkenntnis, dass nirgendwo besser die eigene Präsenz in der Öffentlichkeit zu demonstrieren sei. Für das attraktive Image der Werbung spricht aber auch die große Zahl junger Menschen, die nach Schule oder Studium in eines der Berufsbilder drängen. Die große Affinität der jungen dot.com-Unternehmen zu oft ungewöhnlichen Werbeauftritten hat die Attraktivität der Werbung als Beruf sicher unterstrichen. Das Bild der Tätigkeitsfelder in der Werbeindustrie wird sich durch die revolutionären Entwicklungen in der Übertragungs- und Anwendungstechnik der Medien enorm verändern. Aber es bleibt der Engpass an Talenten. Wer also über Talente verfügt, die hier so dringend gebraucht werden, und wer dazu noch eine hohe Leistungsbereitschaft einbringt, der wird faszinierende Berufsfelder vorfinden, die eine Schlüsselfunktion im Wirtschaftswachstum einnehmen.

Werbegeschichte

Othmar Severin
Ein Club wirbt für die Werbung
Ein Gespräch zur Geschichte des Art Directors Club für Deutschland

Kaum jemand überblickt die Geschichte der Werbung in Deutschland besser als Othmar Severin. Ein echter Augen-, Ohren-, Zeitzeuge. Seit den 60er-Jahren gehört er zu denen, die Jahr für Jahr das Beste der Werbesaison prämieren. Er stammt aus der Gründergeneration des renommierten Art Directors Club für Deutschland (ADC), der unbestrittenen Autorität in Sachen kreativer Werbung. Helmut M. Bien sprach mit ihm über diesen merkwürdigen Club, der Jahr für Jahr Neid und Missgunst unter Deutschlands Werber bringt, neue Stars auf das Schild hebt, den Spaß an brillant gestalteter Kommunikation fördert und für eine bessere Werbung wirbt. Eine Sisyphos-Arbeit.

? Wie kam es in den 60er-Jahren zur Gründung des ADC?

! Gunther Ott, damals Grafik-Chef in der legendären „Werbe" von Hubert Troost, inzwischen längst verstorben und kaum noch jemand in der schnelllebigen Werbebranche wird ihn kennen, Ott jedenfalls war wieder einmal in New York, damals noch eine Weltreise in jeder Beziehung. Dort kam er mit dem Art Directors Club of New York in Kontakt und war fasziniert. Der ADC in New York blickte damals schon auf eine fast fünfzigjährige Tradition zurück. Viele pilgerten seinerzeit in die Madison Avenue nach New York, um sich den Duft der großen Werbewelt um die Nase wehen zu lassen. Wir waren eine Generation ohne Vorbilder. Die Nazis hatten die Traditionen bei uns zerstört. Und so suchten wir unsere Maßstäbe in Amerika bei Leo Burnett oder Doyle, Dane, Bernbach. Wir staunten, was für tolle Sachen die machten, wie emotional sie warben. Wir waren einfach baff und fühlten uns als Hinterwäldler. Damals hieß die Zukunft Amerika. Dort gab es mit dem Vaudeville, den Musicals, dem Showbusiness fruchtbare Traditionslinien zur Werbung. Nicht zuletzt auch der jüdische Witz und Humor, ein Flair für kreative Ideen, ein Faible fürs Präsentieren und Verkaufen, eine gute Nase für Stimmungen und Bedürfnisse, das waren schon immer die Stärken der angelsächsischen Werbung, die der ADC of New York bis heute bestens repräsentiert.

Gunther Ott jedenfalls kam nach Deutschland zurück und es gelang ihm, den einflussreichen Hubert Troost, der von Hause aus auch Grafiker war, und andere Kollegen, vor allem aus Düsseldorf, mit seiner Begeisterung für einen Club der Werbekreativen anzustecken. Die New-Yorker hatten den ersten und damals einzigen Club weltweit. Grafiker, Art Direktoren, hatten ihn gegründet, nicht mal Texter waren am Anfang dabei. Aber nach und nach kamen die anderen kreativen Sparten dazu. Der ADC war immer ein Zusammenschluss der Kreativen aus allen Lagern, viele Selbstständige, niemals aber eine Veranstaltung der Werbewirtschaft. 1964 fanden die ersten Treffen statt, vielleicht gerade mal zehn Leute, die meisten aus Düsseldorf, nur einer aus Frankfurt und ein Hamburger waren dabei, die den Art Directors Club Deutschland gründeten.

? Was sollte ein solcher Club nur für Kreative bewirken? Werbeleute gelten nicht gerade als besonders anfällig für Vereinsmeierei. Welche Gründe gab es, sich zusammenzutun?

! In den Agenturen hatten früher die „Kontakter" das Sagen. Der Kontakter hatte den Zugang zu den Werbekunden. Die meisten hatten ein Talent zum Verkaufen, zum Reden, hatten geschliffene Umgangsformen, waren clever, wussten auf Kunden einzugehen. Im

Grunde genommen waren sie Verkäufer. Die wenigsten hatten studiert im Unterschied zu den Grafikern, die auf mehr oder weniger direktem Wege von den Kunstakademien in die Werbeagenturen einrückten. Bei diesem Typus von Geschäftsmann lag ganz eindeutig die Dominanz in der Agentur. Er pflegte seine Kundenbeziehungen, besorgte die Aufträge. Ihm gegenüber waren die Kreativen reine Zuarbeiter, die machen mussten, was man ihnen auftrug. Sie, die Handwerker der Werbung, die alles Sichtbare gestalteten, standen auf schwachem Posten, wenn es darum ging, einmal andere Wege zu gehen, zum Beispiel gute, kreative Werbung durchzusetzen. Bis auf einige kreative Agenturen wie die „Team", in der Partner wie Jürgen Scholz und Vilim Vasata waren, die also von Kreativen geleitet wurden, ging es in der deutschen Agenturszene sehr hausbacken zu. Und so sah auch die Werbung aus. Die Kontakter präsentierten die perfekt gezeichneten Layouts ihrer Grafiker den Werbeleitern in den Unternehmen, die sagten: Das ist es. Und so wurde es dann gemacht. Zu einem Foto-Shooting kam es auf diesem kurzen Wege dann gar nicht mehr. Jede zweite Anzeige war in den frühen fünfziger Jahren ein gezeichnetes Motiv.

Unter solchen Umständen konnte einem die Reise nach Amerika die Augen öffnen. Dort fanden die kreativen Köpfe, was sie suchten: Vorbilder und Beispiele. Das Annual des Art Directors Club New York war eine Bibel, in der wir all das fanden, von dem man im Nachkriegsdeutschland nicht einmal zu träumen gewagt hatte: Zum Beispiel Werbung mit Humor und Unterhaltungsqualitäten, Werbung, die ihre Leser überraschte und emotional ansprach. Für diese neue Art von Werbung Platz zu schaffen, brauchte es mehr Selbstbewusstsein und eine Gegenkraft gegen das „Schon immer so". So wurde der Art Directors Club Deutschland als eine Art Leuchtturm gegründet.

? **Ein Club der Enthusiasten gegen das Aktenordner-Grau der Adenauer-Ära?**

! Der Club wurde gegründet, um die Werbung im Sinne der Kreativen zu verbessern mit dem eindeutigen Vorbild Amerika. Natürlich gab es seinerzeit auch dort grauenvolle Werbung. Wir aber hatten zum Beispiel so etwas wie die VW-Werbung im Auge, die neuartig war, erfolgreich im Sinne des Verkaufens und äußerst populär. Obendrein für ein Produkt wie den Volkswagen, der so offensichtlich nicht dem American Way of Life entsprach. Für uns war das „Kult"-Werbung. Da wollten wir auch hin. Wir sagten, wenn die Werbung sich nicht auch bei uns zu Hause bessert, macht die Arbeit keinen Spaß mehr. Wir wollten uns selbst bessere Arbeitsbedingungen verschaffen. Und das sollten wir auch sehr rasch schaffen.

Von Anbeginn haben wir den ADC auch als eine Art Verbraucherschutz verstanden. Wir sind gegen Umweltverschmutzung durch schlechte Werbung. Kommunikation muss die Lebensqualität heben, soll Spaß machen, nicht weil wir die Spaßabteilung der Gesellschaft sein wollen, sondern weil es einen sehr rationalen Zusammenhang gibt zwischen der Sympathie der Verbraucher für die Werbung, die sich auf das Produkt überträgt, und der Kaufbereitschaft.

? **Wie wirkte sich dieses neue Selbstbewusstsein der Werbekreativen auf die Arbeit in der Agentur aus?**

! Als der ADC gegründet wurde, war der Begriff des Art Directors für die Kreativen kein unbekannter Begriff. Den Kreativen musste er

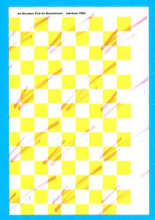

22/1
ADC 1980

22/2
ADC 1981

22/3
ADC 1986

22/4
ADC 1987

22/5
ADC 1990

22/1-5 und 23/1-6
Titel-Cover von ADC-
Jahrbüchern aus dem
Zeitraum von 1980 bis
2000.

23/1
ADC 1992

23/2
ADC 1993

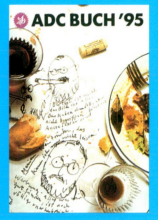
23/3
ADC 1995

23/4
ADC 1996

23/5
ADC 1997

23/6
ADC 2000

nicht verkauft werden, die haben diesen Titel gern angenommen, weil er mehr bedeutete als Zulieferer zu sein für andere Leute. Insofern hat allein schon die Gründung des ADC dazu beigetragen, den Status des Kreativen in den Agenturen und gegenüber den Kunden anzuheben. Das war sicherlich nicht der ausschlaggebende Grund dafür, den Club in die Welt zu setzen, aber es war ein nicht eben unerwünschter Nebeneffekt.

In den fünfziger Jahren herrschte noch echtes Chaos in den meisten Agenturen. Von einer Team-Arbeit war noch keine Spur. Die Grafiker warteten auf den Text, der oft genug von den Kontaktern geschrieben wurde. Die kamen dann, und sagten, was sie aufgemalt haben wollten. Die Guten unter den Kontaktern brachten das New-Yorker ADC-Annual mit und zeigten an Beispielen, welches Layout, welcher Stil ihnen vorschwebte. Creative Departements wie in Amerika gab es weit und breit nicht. Langsam aber sicher änderte sich das. Young & Rubicam und auch Ogilvy, die nach Deutschland kamen, etablierten das amerikanische System der Team-Arbeit, die auch die Grafiker an der Konzeptionsfindung beteiligten. Das war es im Kern, was wir wollten.

? Warum wurde der ADC in Düsseldorf aus der Taufe gehoben? War das Zufall?

! In den 60er-Jahren war Düsseldorf unbestritten die Kreativ-Hauptstadt. Das lag maßgeblich an der New-Yorker Agentur Doyle, Dane, Bernbach (DDB), die 1962 nach Düsseldorf kam und u. a. die spektakuläre VW-Werbung aus den Staaten mitbrachte. Helmut Schmitz, Werner Butter und deren amerikanische Partner waren die Köpfe hinter den Kampagnen, die liefen und liefen und begeisterten. In Düsseldorf bewirkte DDB einen Klimawechsel, neben Vasata und Scholz mit ihrem „Team", der Name war Programm, und später der GGK von Rogoski und Schirner, die in den 70er- und 80er-Jahren die wichtigsten Impulsgeber für kreative Werbung waren. Frankfurt war zwar größer, weil hier die Großagenturen saßen, die sich aber auf Mainstream-Werbung konzentrierten. Hier war Young & Rubicam die Agentur, die zu erkennen gab, dass sie exzeptionelle Werbung machen wollte. Deren Creative Director wurde auch gleich nach Düsseldorf zur ADC-Gründung eingeladen und aus dem heute so starken Hamburg kam nur ein Fotograf dazu, der schon bald berühmte Reinhart Wolf. Ursprünglich wollten die Grafik-Designer nach dem New-Yorker Vorbild unter sich bleiben, sahen aber schon bald ein, dass sie Texter wie Helmut Schmitz, Werner Butter oder auch mich, der ich damals als TV-Schreiber reüssierte, nicht außen vor lassen konnten. Das entsprach auch einer Grundtendenz in Deutschland, denn die so genannten „hot shops" wurden häufig von Leuten geleitet oder gegründet, die vom Text herkommen, denkt man etwa an Wolf Rogosky oder Konstantin Jacoby, die mit kongenialen Art Direktoren wie Theophil Butz oder Feico Derschow ihre Konzepte entwickelten.

? Die Kulturrevolution in den Agenturen, der Wunsch nach Teamarbeit, Beteiligung und Spaß an der Arbeit, hat vieles von dem vorweg genommen, was auch die 68er-Bewegung wollte. Gab es eine Beziehung zur Studentenbewegung?

! Gefühlsmäßig standen wir als Dreißigjährige auf der Seite der Studenten, die den Muff unter den Talaren satt hatten. Aber ehrlich gesagt, wir fanden uns selbst den Studenten ein wenig überlegen. Bis 1968 hatten wir in den

Agenturen im Großen und Ganzen das erreicht, was wir wollten. Gegen verkrustete Verhältnisse mussten wir nicht mehr ankämpfen. Wir waren einen Schritt weiter, wir waren völlig relaxt. Wir durften gute Werbung machen, die gequälte Werbung, reine Auftragswerbung lag hinter uns. Und wir hatten schon Einfluss. Als Kreative standen wir naturgemäß auf der Seite des Wandels. Ich persönlich habe nach dem Attentat auf Dutschke an einer Demonstration teilgenommen. Andererseits wurden wir von den Linken unter den Studenten verachtet und abgelehnt. Sie hielten uns für den letzten Dreck. Ihnen galten wir als die geheimen Verführer, die wir auch gern gewesen wären.

? Wie aber kann sich ein Club mit wenigen Mitgliedern anmaßen zu entscheiden, was gut und was schlecht ist in der Werbung?

! Die Kritik an unseren Jurys ist so alt wie der Club selbst, sie gehört direkt dazu. Wir, die wir die Arbeit machen, bei denen die Verantwortung für die Gestaltung des visuellen Erscheinungsbildes von Kommunikation liegt, wir müssen auch das Recht haben, unsere Leistungen zu beurteilen und uns selbst Qualitätsmaßstäbe zu setzen. Gerade deshalb haben auch immer nur Mitglieder des Clubs die Jurys gebildet. Das ist Absicht und kein Konstruktionsfehler. Wir sprechen ja auch nur für uns. Deshalb können wir mit dem Vorwurf leben, bei unseren Preisen gehe es um Selbstbeweihräucherung. Natürlich sind die besten Kreativen von Deutschland im Club, eine Mitgliedschaft bei uns ist nicht käuflich, sondern wer aufgenommen werden will, braucht die Empfehlung von Mitgliedern und eine qualifizierte Mehrheit für seine Mitgliedschaft. So können wir halbwegs sicherstellen, dass nur die unstrittig Besten in den ADC kommen, die machen logischerweise auch die beste Werbung und so landen natürlich die Preise auch in der Regel dort. Das kann nicht anders sein und wird niemanden ernstlich überraschen. Aber der Sinn und Zweck des Wettbewerbs ist ein anderer, durch Beispiele, die wir auswählen, die Durchschnittsqualität zu heben.

? Was verstehen Sie unter Qualität?

! Zuerst das Handwerkliche. Sind die Texte gut geschrieben, hält man die Verbraucher nicht für blöd. Zeigt die Werbung die Relevanz des Produktes für die Käufer? Ist sie verblüffend und aufmerksamkeitsstark? Lässt sich eine Kommunikations-Idee identifizieren? Kreativität als Abweichung von der Norm, das haben wir immer hoch dekoriert, wenn etwa ein unscheinbares, billiges Auto wie der FIAT Panda zur „tollen Kiste" gemacht wurde, zu einer Art VW der 80er-Jahre. Nach solchen Beispielen haben wir gesucht, um sie den eigenen Leuten zu zeigen und dann in Buchform allen zugänglich zu machen. Um durch diese Art der Kommunikation Einfluss auf die Kommunikationsverhältnisse und ihr Niveau zu nehmen. Wir waren nie so vermessen zu glauben, dass wir alle Kunden überzeugen könnten. Die fragen im Zweifelsfall nach Garantien dafür, dass die Werbung verkauft, und gehen lieber zur Marktforschung, um sich ihre Kampagnen absichern zu lassen. Bisweilen wundern sie sich dann, dass die Werbewirkung die Verkaufszahlen kaum verändert und kommen auch darauf, dass letztlich der Durchschnitt keinen Eindruck macht beim Publikum.

Die Cleveren unter den Agenturchefs sagen ein wenig zynisch, der ADC ist für uns das Motivationsprogramm für unsere Kreativen, die andauernd tolle Leistungen bringen, weil sie hoffen, eines Tages auch mal auf der Treppe zu stehen und prämiert zu werden. ADC-Preise sind Auszeichnungen, von denen man nachts träumen kann. Das Schönste, was es gibt. In Deutschland sind rund 20.000 Leute kreativ tätig. Das ist unsere Zielgruppe. Darüber hinaus ist es uns auch gelungen, den ein oder anderen Kunden nachdenklich zu machen.

Die ADC-Preise sind die traditionsreichsten und auch wichtigsten Auszeichnungen für Kreative. Parallel zu uns fing auch Cannes auf internationaler Ebene mit seinem Werbefilmfestival an. Unsere Preise bedeuten für die Einzelnen und die Agenturen, in denen sie arbeiten, Geld auf der Bank. Wer Preise vorweisen kann, der gewinnt nicht nur viele neue Kunden, er gewinnt vor allem die richtigen Kunden, die auch kreative Werbung wollen. Und das fördert wieder den Spaß an der Arbeit. Die einzelnen Kreativen können, wenn sie Goldmedaillen gewinnen, ihren Preis bestimmen, wie Fußballer. Das darf man nicht unterschätzen. Natürlich gibt es da auch Eifersucht und Neid, einzelne Jury-Entscheidungen werden angezweifelt, nie aber der ADC als Institution. Der Preis als solcher ist akzeptiert, weil er auch eine wirtschaftliche Wirkung hat, die jeder gern für sich in Anspruch nähme.

Heute gibt es eine ganze Reihe von anderen Wettbewerben, der wichtigste neben den ADC-Preisen ist vielleicht der „EFFIE". Er stellt die Effizienz von Werbung in den Vordergrund. Interessanterweise zeichnen die ein paar Jahre später meist die Kampagnen aus, die längst eine ADC-Medaille bekommen haben. Vielleicht, weil die Marktdaten erst später vorliegen, die beweisen, dass kreative Werbung ihren Gestaltern nicht nur Spaß macht, weil sie formal brillant ist, sondern auch den Verkauf fördert.

? Wie unterscheiden Sie kreative Werbung von Mainstream-Werbung?

! Unter „Mainstream" verstehen wir Werbung, die man auch Markenpflege nennen könnte, die immer wieder mit den gleichen Argumenten, den Käufern bestätigt, dass sie das richtige Produkt benutzen, die die Leute nicht aufschreckt, ständig bei guter Laune hält. Das ist kein Negativurteil. Markenpflege funktioniert nur, wenn man auch viel Geld in die Hand nimmt, dann ist sie auch erfolgreich. Kreative Werbung sucht den hohen Aufmerksamkeitswert, wie setze ich mich in der Flut von Eindrücken durch. Da brauche ich eine verblüffende Idee, ich muss anders sein als die anderen, Abweichung von der Norm, zugleich darf ich die Relevanz nicht aus den Augen verlieren, die Werbung muss etwas mit dem Produkt zu tun haben.

Kreative Werbung kann auch im Mainstream münden. Ein Beispiel wäre die Lila Kuh, die hat seinerzeit verblüfft, war eine brillante Kommunikations-Idee, die sich dann aber nicht mehr weiterentwickelt hat. Sie ist zum Markenzeichen geworden. Ähnlich ist es mit Jägermeister, auf einmal war es Mainstream-Werbung, am Anfang verblüffend, nach ein paar Jahren war diese Testimonial-Werbung „Ich trinke Jägermeister, weil…" immer noch gut und witzig, aber nicht mehr so spektakulär wie das, was vielleicht als Anzeige daneben stand. Deshalb haben wir einen Preis erfunden, der diese seltenen Fälle prämiert. Seit einigen Jahren schon zeichnen wir die FAZ-Kampagne „Der kluge Kopf dahinter…" aus. Die Kampagne als solche ist natürlich nicht mehr spektakulär, sehr wohl aber schaffen es einzelne Motive, die aufmerksamkeitsstark sind. Das war mit der Jägermeister-Kampagne ähnlich. Hier zeigt sich die Kunst, wie man eine Kampagne lebendig hält, die über

Jahre hinweg erfolgreich ist und Agentur wie Kunde von allen guten Geistern verlassen wären, wenn sie die Werbelinie ohne Not änderten. Mainstream ist nichts Schlimmes, kein Schimpfwort. Nur gut muss sie sein. Und wir als ADC müssen immer das Neueste herausstellen, um unseren eigenen Ansprüchen, Vorbilder zu finden und gute Ideen zu identifizieren, gerecht zu werden.

? Für die Werbung gilt das Gleiche, was auch für Zeitungen zutrifft. Nichts ist so alt wie die Werbung von gestern. Welchen Sinn hat es da, sich mit historischer Werbung zu beschäftigen?

! Der Blick zurück auf großartige Leistungen ist für mich persönlich inzwischen eher Nostalgie. Die jungen Leute, die sich für Werbung interessieren, die vielleicht in der Kommunikationsbranche arbeiten wollen, können ihre Sensibilität trainieren, wenn sie etwa Ausstellungen besuchen oder in unseren Annuals blättern. Denn wer sich für diese Aufgabe interessiert, muss schon ein Werbefan werden. Je schnelllebiger die Trends und Stile sind, umso wichtiger ist es, zu wissen, wann und wie etwas angefangen hat und was draus geworden ist. Nur so kriegt man ein Sensorium dafür, wohin Entwicklungen gehen könnten. Da helfen die Beispiele der Vergangenheit. Alle, die sich für Kommunikation interessieren, finden in der Werbung den besten Spiegel der Befindlichkeit, der Mentalität einer Gesellschaft. Da ist die Werbung eine historische Quelle ersten Ranges. Der Insider hat Spaß, wenn er die großen Leistungen wieder sieht. Denn sie sind das Ergebnis unwahrscheinlich harter Arbeit. Es sind nicht nur die 10 bis 14 Stunden Arbeitstage, es sind vor allem die Zurückweisungen, die am Selbstvertrauen zehren, wenn erst der Creative Director „Nein" sagt, und man dann wieder von vorne anfängt, dann vielleicht der Agenturchef den Kopf schüttelt oder der Kunde mit dem Daumen nach unten weist. Das Treppchen in Berlin, wenn die ADC-Preise verliehen werden, bleibt für die meisten nur ein Traum und steht am Ende einer unendlichen Plackerei.

? Herr Severin, wie lange sind Sie jetzt schon dabei?

! Seit 1965 bin ich im Vorstand und in den Jurys. Richtig Ernst wurde es dann 1980, als Horst Thomé sein Amt niederlegte. Da wurde gesagt, jetzt brauchen wir dich. Ich habe mir ausbedungen, das wir um den Präsidenten-Job einen echten Wettbewerb machen, dass ich nicht der Einzige bin, der von ein paar Leuten ernannt wird, sondern dass der ganze Club richtig involviert wird. Daraus resultierte eine kleine Revolution. Es bildeten sich sechs Sektionen in den Werbezentren Deutschlands, die alle ihren Kandidaten nominierten. Durch den Club ging ein Ruck. Dann gab es die Wahl in Düsseldorf und man wählte mich. Seit 1980 bin ich total involviert, vier Jahre lang war ich Präsident, dann immer Vorstand und 1988 dann noch mal Sprecher des Vorstands bis vor zwei Jahren, seitdem immer noch im Vorstand. Zwanzig Jahre habe ich mit dieser ehrenamtlichen Tätigkeit für den Club gelebt, meine Arbeit als Creative Consultant in meinem Ein-Mann-Betrieb war dem gegenüber fast eine Art Nebenbeschäftigung (lacht). Jetzt müssen jüngere Kreative ran.

? Herzlichen Dank für das Gespräch.

Helmut M. Bien
Auf du und du mit dem Zeitgeist
Zur Nachkriegsgeschichte der Werbung in Deutschland

Wer sich mit Werbung beschäftigt, braucht Mut zum Klischee. In der Werbung geht es um das Wecken von Aufmerksamkeit. Dafür sind starke, verständliche und eindeutige Mittel nötig. Werbung ist nichts für Schöngeister, die zwar ab und an auch gebraucht werden, die aber ebenso rasch auch wieder nur stören. Werbung steht mit beiden Beinen im Hier und Jetzt, sie ist stolz auf den Augenblick und lässt sich von Bedenken und Einschränkungen die Laune nicht trüben. „Was kümmert mich mein Geschwätz von gestern?", diese rhetorische Frage der Politik, stellen auch die Werbetreibenden ihren Kritikern. Das Gedächtnis und Geschichtsbewusstsein der Branche liegt nur wenige Handbreit über Normalnull. Archive werden aufgelöst, wenn der Kunde zu einer anderen Agentur wechselt, die Geschichte der Werbung existiert hauptsächlich im Medium der Lebensgeschichte und der persönlichen Erinnerung ihrer Promotoren.

Werbung ist auf Zukunft ausgerichtet und auf König Kunde. Genau besehen sind es sogar zwei Könige: Der Auftraggeber für die Werbung und dessen Kunden, die so genannten Endverbraucher. Bisweilen hat die Werbung ein wenig Glück und kann die Wünsche des einen König gegen den anderen ausspielen, und für sich ein wenig kreative Freiheiten heraushandeln. Aber wehe, es wird kein Erfolg draus. In manchen Branchen scheitern bis zu 80 Prozent der neu eingeführten Produkte nach kurzer Zeit, trotz aller Tests und Marktforschungen. Kein Wunder also, dass diejenigen, die im Rufe stehen, das richtige Händchen im Umgang mit den zwar gläsernen, aber nach wie vor unberechenbaren Konsumenten zu haben, sich goldene Nasen verdienen. Es sind diese Top-Heads, die den Ruf der Branche begründen. Werber sind die Alchimisten unserer Zeit. Sie verstehen aus so manchem Gold zu machen. Dafür aber brauchen sie möglichst ungeteilte Aufmerksamkeit und die wird ihnen nur dann zuteil, wenn Sie wissen, was Sie, lieber Leser, sich wünschen. Dazu müssen sie Sie besser kennen als Sie sich selbst.

Schon deshalb ist die Geschichte der Wunschmaschine Werbung zugleich eine Geschichte der dominierenden und einkaufsberechtigten Mentalitäten in einer Gesellschaft, auch eine Geschichte derjenigen, die sich im Kampf um Aufmerksamkeit durchgesetzt haben. Das sind nicht immer unbedingt die schönsten, es sind die kräftigsten, auch die auf ihre Weise intelligentesten Konzepte. Jedenfalls haben sie so oder so den Zeitgeist mit dem Nagel auf den Kopf getroffen. Nicht zuletzt deshalb sind die Nägel aus Edelmetall so begehrt, die der Art Directors Club als Auszeichnungen für beispielgebende Werbung vergibt.

Wir beschränken uns im Folgenden auf die Geschichte der Werbung in der Bundesrepublik, angesichts der Werbefluten, die tagtäglich über jeden von uns hereinbrechen, schon ein Ozean von Bildern, Slogans, Storys, Melodien und Markennamen.

Ein Überblick für Schnellleser

Nach dem Krieg: Die Seife, die Margarine, der Kaffee, das Waschpulver und zwar in Friedensqualität. Hoffnung keimt inmitten einer Welt aus Trümmern. Litfaß-Säulen, Anschlagbretter und Annoncen künden von einer besseren Welt: Frieden und ein gedeckter Tisch, ein CARE-Paket aus Amerika, Nylon-Strümpfe, Jazz-Musik und Ami-Schokolade. Werbung feiert die friedliche Idylle und das private Glück, sie weist Lieschen Müller und Otto Normalverbraucher den neuen „Way of life".

29/1

29/1
Es gibt wieder Sunlicht Seife! Lever GmbH, Hamburg. Anzeige, 1949. Agentur: Lintas, Hamburg.

29/2
Endlich wieder Nivea Zahnpasta. Und dazu in Friedensqualität. Beiersdorf AG, Hamburg. Anzeige, 1948.

29/2

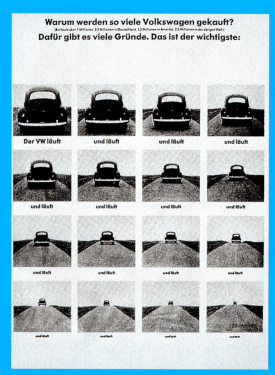

30/1

Stichtag 20. Juni 1948: Einführung der D-Mark. Noch zwei Jahre wird es dauern, bis auch die Lebensmittelkarten abgeschafft werden. „Wohlstand für alle", verspricht Ludwig Erhard – und Konrad Adenauer: „Keine Experimente!". Das Wirtschaftswunder „Made in Germany" nimmt seinen Lauf – im Westen, „und läuft und läuft und läuft". „Bauknecht weiß, was Frauen wünschen", bei Persil, da „weiß man, was man hat" und jedem Häuslebauer ist eines gewiss: „Auf diese Steine können Sie bauen." „Mach mal Pause...", denn „Frau Antje bringt Käse aus Holland". „Wenn einem soviel Gutes widerfährt, darauf einen...".

30/2

1961: Die Mauer wird gebaut. Dahinter schottet sich ein Regime ab, dessen Werbung sich auf Agitprop, Export und Ladenhüter beschränkt. Die SPD setzt auf Willy Brandt und auf Orange. Die Studenten skandieren „Unter den Talaren, der Muff von tausend Jahren". 1968 gerät die Republik auch in den Afri-Cola Rausch. „Nur Fliegen ist schöner", denn „Neckermann macht's möglich." An den Schulen heißt es: „Du machst dich kaputt, der Dealer macht Kasse".

Die kritische Jugend verlangt nach Begründungen. Die Werbung liefert welche: „Ich trinke Jägermeister, weil...". Die Ölkrise lässt dunkle Wolken am Konjunkturhimmel aufziehen. Deshalb „reden alle vom Wetter". Nur die Deutsche Bahn nicht.

31/2

31/1

30/1
Warum werden so viele Volkswagen gekauft? Dafür gibt es viele Gründe. Das ist der wichtigste: Der VW läuft und läuft und läuft... .
Volkswagen AG, Wolfsburg. Anzeige, 1963. Agentur: DDB, Düsseldorf.

30/2
Wählen Sie die richtige Kühlschrank-Größe... Bauknecht weiß, was Frauen wünschen. Bauknecht Hausgeräte GmbH, Stuttgart. Anzeige, 1957.

31/1
Im Asbach-Uralt ist der Geist des Weines. Asbach GmbH, Rüdesheim am Rhein. Anzeige, 50erJahre.

31/2
Nur Fliegen ist schöner. Opel GT. Adam Opel AG, Rüsselsheim. Anzeige, 1970.

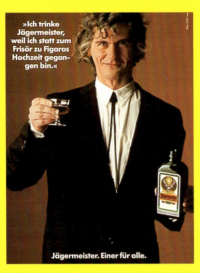

32/1

32/2

32/3

32/4

32/5

32/1-5
„Ich trinke Jägermeister, weil..." Jägermeister. Einer für alle. Mast-Jägermeister AG, Wolfenbüttel. Anzeigen,
1988 (32/1+2),
1986 (32/3),
1984 (32/4),
1985 (32/5).

33/1

33/1
Alle reden vom Wetter.
Wir nicht. Deutsche Bundesbahn, Frankfurt am Main. Plakat, 1966/67.
Agentur: McCann-Erickson, Frankfurt am Main.

Die Ansprüche der Konsumenten verfeinern sich im Laufe der 70er-Jahre. Die Fresswelle ebbt ab, in den „kostbarsten Wochen des Jahres" rollt die Reisewelle als Blechlawine gen Süden. Da kann man nur wünschen: „Hoffentlich … versichert". Der Sekt „braucht das gewisse Extra", Wäsche muss nicht nur sauber werden, sondern rein. „Es war schon immer etwas teurer, einen besonderen Geschmack zu haben", andernfalls ging man schon mal meilenweit für ....

34/1

34/1
Jeden Samstag, wenn Papi Geburtstag hat: MMchen – klein & handlich & mit dem gewissen Extra. Henkell & Söhnlein Sektkellereien, Wiesbaden. Anzeige, 70er-Jahre. Agentur: Young & Rubicam, Frankfurt am Main.

35/1
Ariel macht Wäsche nicht nur sauber, sondern rein. Procter & Gamble GmbH, Schwalbach. Anzeige, 70er-Jahre. Agentur: Compton, Frankfurt am Main.

35/2
Ich geh' meilenweit für Camel Filter. JT International Germany GmbH, Köln. Anzeige, 1970. Agentur: Young & Rubicam, Frankfurt am Main.

35/3
Es war schon immer etwas teurer, einen besonderen Geschmack zu haben. Atika Cigarettenfabrik GmbH, Hamburg. Anzeige, 70er-Jahre.

35/1

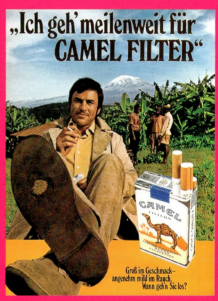

35/2

35/3

Die 80er-Jahre sind das fröhliche Jahrzehnt. Sie kennen nur eine Botschaft: „Du darfst …". Autos verwandeln sich in „tolle Kisten". Und an den Tankstellen gilt: „Sauber fährt am längsten". Die Post raunt dem Verbraucher zu: „Ruf doch mal an!", und die Tapetenhersteller plädieren für den permanenten Wechsel: „Kleb dir eine".

„Let's go West" ist zunächst die Devise nach der unerwarteten Wiedervereinigung. „Nichts ist unmöglich …", ruft den Deutschen ein japanischer Autohersteller zu. Jenseits des Eisernen Vorhangs tauchen neue Produkte auf: Rotkäppchen-Sekt, Florena und Club. Robotron und Trabant geben den Geist auf. Der Westen setzt auf „Light"-Produkte: „… nicht immer, aber immer öfter …".

36/1

36/2

36/3

36/1
„Ich will so bleiben wie ich bin." Du darfst. Union Deutsche Lebensmittelwerke GmbH, Hamburg. Anzeige, 80er Jahre. Agentur: Lintas, Hamburg.

36/2
„Biete Mitfahrgelegenheit nach Ouagadougou." Panda 4x4. Die Allradkiste. FIAT Automobil AG, Heilbronn. Anzeige, 80er-Jahre.

36/3
Urlaubsgrüße per Telefon. Ruf doch mal an. Deutsche Post AG, Bonn Plakat, 1976. Agentur: Lintas, Hamburg.

EQ, Emotionen, Evolution, E-Commerce, die ganz großen Gefühle haben zur Jahrtausendwende Konjunktur in einer Welt des Umbruchs, der eher frösteln macht. „Wir haben verstanden", raunt die Werbung den Verbrauchern in einer neuen Ehrlichkeit zu. Minimalismus ist Trumpf, „Back to the roots", archaische Riten. Emotionalisierung der Produkte, neue Mythen und Stile bieten Orientierung und liefern dem Ich Instrumente, zu sagen, wer man denn sei. „Egoïste" heißt der Duft der neuen Zeit oder „Eternity". Was bleibt bei all dem Wandel?

Die Werbung, ihre Versprechen und Stile sagen mehr über die Zeit aus als tausend Worte.

37/1

37/2

37/3

37/1
Tapete. Kleb Dir eine.
Deutsche Tapeten-
Gemeinschaft, Frankfurt
am Main. Anzeige, 70er-
Jahre. Agentur:
Young & Rubicam,
Frankfurt am Main.

37/2
Let's go West! Reemtsma
GmbH & Co., Hamburg.
Anzeige, 80er Jahre.
Agentur: Scholz &
Friends, Hamburg.

37/3
Der jetzt-kann-man-
sogar-sehen-wie-gut-er-
schmeckt-Sekt.
Schmeckt gut, läuft gut.
Rotkäppchen Sektkelle-
rei, Freyburg an der
Unstrut. Anzeige, 1993.

37/4
Nichts ist unmöglich.
Toyota. Toyota Deutsch-
land GmbH, Düsseldorf.

37/4

38/1

38/2

38/3

38/2
Mach mal Pause – auch zu Hause. Coca-Cola GmbH, Essen. Plakat, 50er-Jahre.

38/3
Schon 1948 meinten viele, daß wir ihn ändern sollten. Volkswagen AG, Wolfsburg. Anzeige, 60er-Jahre. Agentur: DDB, Düsseldorf.

38/1
Sanella wieder da! Margarine Verkaufs Union GmbH, Hamburg. Anzeige, 1948. Agentur: Lintas, Hamburg.

DEKADEN DER WERBUNG

Auferstanden aus Ruinen – Marken melden sich zurück

Europa in Schutt und Asche. Die Industrie liegt am Boden. Die Ladenregale hat der Krieg leergefegt. Zigaretten, Tafelsilber, Lebensmittelkarten und Bezugsscheine sind die Tauschwährungen der frühen Jahre in Trizonesien. Die Litfaßsäulen und Anschlagbretter dienen als erste Kommunikationsmedien in den Trümmerlandschaften der Städte. Das Rote Kreuz sucht Vermisste, die neuen Autoritäten wollen die Deutschen für ihre neue Gesellschaftsordnung gewinnen. Auch die alten Markenartikel melden sich rasch zurück. Sie sind über die „werbefreie" Zeit der Kriegsjahre zu wahren Mythen herangereift. Leere Mägen und erinnerungsselige Köpfe verleihen Waschpulver, Seife oder Margarine, Kaffee und Kuchen übernatürliche Kräfte. Die Erinnerung tilgt alles Unzulängliche und erhebt die alten Marken zu makellosen Friedensengeln. Die Werbung der frühen Jahre lebt vom Motiv des Friedens. „Wir sind wieder da", so melden die alten Marken sich beim Verbraucher zurück – wie gute Nachbarn nach langer Zeit der Abwesenheit. Die Wiederherstellung des privaten Lebens, seine Ordnung, das ist auch das Thema der Werbung. Auch hier wird der Schutt beiseite geräumt, um Platz zu schaffen für die private Idylle nach den Albtraum-Jahren des Krieges. Der Stichtag für die Werbung ist die Einführung der Deutschen Mark. Erst die stabile Währung schafft die Grundlage für Angebot und Nachfrage und damit das Lebenselexier der Werbung. Das dominierende Medium ist die Plakatwerbung. Hinzu kommt sehr zaghaft die Annoncenwerbung in den frisch gegründeten und von den Alliierten lizenzierten Zeitungen und Zeitschriften wie Stern, Spiegel oder Hör Zu.

Rendezvous am Nierentisch

Die Konsumwünsche der Verbraucher sind auf einfache, klare Produkte gerichtet. Lieschen Müller und Otto Normalverbraucher träumen vom trauten Heim, von der Elektrifizierung des Haushaltes, dem Fernseher, von der Urlaubsreise und natürlich vom Auto als dem allgemein sichtbaren Beweis dafür, es „geschafft zu haben". Diese Ziele sind so klar wie einfach und werden von allen geteilt. Zielgruppen, Special Interests, Konsumenten-Typologien gibt es noch nicht. Die USA sind in jeder Hinsicht das große Vorbild. Berichte aus Amerika werden gelesen wie Ausblicke in die eigene Zukunft. Den „american way of life" symbolisiert zum Beispiel Coca-Cola, für die Haltung einer lockereren Einstellung zum Leben findet Hubert Strauf mit dem Slogan „Mach mal Pause..." die Eindeutschung. Düsseldorf entwickelt sich zur Werbemetropole in Deutschland. Hier sitzt das große Geld und die Schwerindustrie. Und hier haben die Troosts, ganz in der Nähe Strauf, seine „Werbe" und Gramm ihre Ateliers.

Werbung, das ist Bild- und Textgestaltung. Marketing ist ein Wort, das seinen Weg über den Großen Teich erst noch finden muss. Neben Düsseldorf etablieren sich in Frankfurt am Main vor allem die amerikanischen Großagenturen McCann-Erickson, J.W. Thompson, Young & Rubicam und Ogilvy & Mather. Die Nähe zur Rhein-Main-Air-Base ist der ganz pragmatische Grund für die Wahl dieses Standorts.

Frischer Wind aus Amerika

Werbung entwickelt sich zum Spiegel des Zeitgeistes. Sie will und muss nicht nur dem Gestalter und dem Auftraggeber gefallen, sondern vor allem den Verbrauchern draußen an den Regalen, die unerbittlich ihre Wahl treffen. Ihnen „aufs Maul zu schauen", wird immer wichtiger. Denn mit den Konsummöglichkeiten verfeinern sich ihre Kenntnisse, Ansprüche, Vorlieben. Die 60er-Jahre sind das Jahrzehnt der großen, gesellschaftlichen Spannungen. Eine Schere tut sich auf zwischen Ansprüchen und Realitäten, die Generationen geraten in Gegensatz zueinander. Autoritäten knicken ein wie Kartenhäuser. Jung und Alt blicken sich befremdet an. Auch die Werbung findet einen neuen Ton. Er kommt – wieder einmal – aus Amerika, besser aus New York. Doyle, Dane, Bernbach haben die erfolgreiche Werbung für VW in den USA gemacht. VW hatte seinen Erfolg zunächst jenseits des Atlantiks gesucht, denn in Deutschland selbst gab es für ein Auto „Made in Germany" noch keinen Massenmarkt. Die kleine New-Yorker Agentur brachte das Understatement und einen witzigen Grundton in die Werbung. Diese „Masche" wurde nach Deutschland importiert und revolutionierte die steife deutsche Markenwerbung. Werbung wurde jetzt „kreativ". Reklamefritzen mutierten zu hoch angesehenen Art Direktoren, und Auftraggeber verwandelten sich in Klienten mit Beratungsbedarf. Der Humus war bereitet für Vasata, Scholz & Friends und die GGK, für eine neue Generation in der Werbung.

Siegeszug der Marktforschung

Auf die Konsumkritik der Jungen und Grünen reagiert die Werbung gelassen und letztlich vereinnahmend. Auch die Kritik an der Werbung verschafft ihr neues ästhetisches Spielmaterial für – was sonst – zeitgemäße Werbung. Dass die Ressourcen des Planeten endlich sind, entwickelt sich in diesem Jahrzehnt vom Expertenwissen zum Bestandteil der Allgemeinbildung. Wird zu Beginn des Jahrzehnts noch das technokratische „think big" verherrlicht, so ist es an seinem Ende das alternative „small is beautiful". Für die Werbung insgesamt ist es ein produktives Jahrzehnt. Die Fernseh-Werbung nimmt enormen Aufschwung. Werbefiguren und Produkt-Präsenter, lila Kühe und Cowboys geben den Produkten ein Gesicht und machen sie unterscheidbar in der Springflut von Markenprodukten, die alle ihren Platz im beschränkten Vokabular des Konsumenten finden wollen. Zehntausende von Markennamen wollen in der ersten Reihe Platz finden unter den 1.800 Worten eines durchschnittlichen aktiven Wortschatzes.

Lieschen Müller und Otto Normalverbraucher sind verblichen. An ihre Stelle sind eine Vielzahl von Konsumenten-Typen getreten, deren Lebenswelten mit entsprechenden Produkten ausgestattet werden wollen. Der Aussteiger raucht andere Zigaretten als der junge Aufsteiger, die „Nur"-Hausfrau hat beim Waschen „Gewissensbisse", die nur mit einem Weichspülmittel gedämpft werden können, während das Trauma der emanzipierten Berufstätigen Achselschweißflecken auf der blütenweißen Bluse sind. Entsprechende Werbung lässt sich nicht aus dem Bauch heraus machen, sie verlangt umfangreiche Reihen von Pre- und Posttests, um Flops zu vermeiden. In der Werbung werden die Kreativen von der Marktforschung an die Kandare genommen.

41/1

41/2

41/3

41/1
Geburtsanzeige: Milka hat zarten Nachwuchs bekommen. Jacobs Suchard GmbH, Bremen. Anzeige, 1978. Agentur: Young & Rubicam, Frankfurt an Main.

41/2
Marlboro. Der Geschmack von Freiheit und Abenteuer. Philip Morris GmbH, München. Anzeige, 1973. Agentur: Leo Burnett, Frankfurt am Main.

41/3
Haben Sie sich entschieden, niemals dick zu werden? Lätta. Union Deutsche Lebensmittelwerke GmbH, Hamburg. Anzeige, 80er Jahre. Agentur: Hans Brindfors, Stockholm.

Anything goes – erlaubt ist was gefällt

„Du darfst ...", gerade die „Light"-Produkte können als Leit-Produkte der 80er-Jahre angesehen werden. Sie schaffen die Paradoxie, „Weniger teurer zu verkaufen". Die „trendy people" des Jahrzehnts verbinden Luxus und Askese miteinander. So wie die Mode nicht mehr die Macht aufbringt, ein Diktat durchzusetzen, geht es auch der Werbung: „Wie es der Zielgruppe gefällt ..." lautet ihr Motto. Eine Atomisierung der Konsumgesellschaften ist zu beobachten, nachdem die Groß- und Zwangsorganisationen ihre Bindekraft und Orientierungsmacht einbüßen. Spiegelbild dieser Entwicklung ist der Zeitschriftenmarkt. Eine Flut von Special Interest-Titeln kommt an die Kioske: Ob Joggen oder Golfen, Tauchen, Aktienbesitz oder Computer, Gartenarbeit oder Körperbewusstsein, für jede private Leidenschaft gibt es das entsprechende Blatt, das die jeweilige Lebenswelt spiegelt und mit neuen Informationen versorgt. Gemeinsam ist all diesen Tätigkeiten, dass sie jenseits der Erwerbsarbeit angesiedelt sind und sich um ein Erlebnis herum organisieren. Viele Menschen wissen immer mehr über immer kleinere Ausschnitte der Realität. Der große Zusammenhang geht darüber verloren. Zugleich tritt ein neues Medium seinen Siegeszug an, das das Alltagsleben und die Werbung revolutionieren wird. War es die Auto-Mobilität in den 60er-Jahren, die unsere Städte verändert hat, so beginnt der Computer das Verhältnis zu den Medien und ihrer Nutzung zu revolutionieren. Starre Hierarchien, die Aufteilungen in Sender und Empfänger, lassen sich nicht aufrecht erhalten. Der Zusammenbruch der Regimes im Osten kann als augenfälliger Beweis dafür dienen.

Mythos Werbung

In den 90er-Jahren entdeckt die Erlebnis-Gesellschaft die Kommunikationsmedien für sich. Das Dreigestirn aus Telefon, Computer und Satellit etabliert ein virtuelles „global village".

Die Kommunikation wird interaktiv und die Werbung folgt diesem Trend. Der Konsument nimmt immer stärker direkt an Werbekampagnen teil, sei es durch die telefonische Rückruf-Möglichkeiten der Info- und Hotlines, Partys, Aktionen und Sponsorships. Philip Morris etabliert „Ministerien", die sich um die wirklich wichtigen Fragen kümmern sollen, etwa um Liebe oder die Zukunft und unterstreicht damit den Anspruch der Marke, auch gesellschaftlich Verantwortung zu zeigen. Die Werbetreibenden stellen sich auf ihre neue Rolle des „global players" ein, und ihnen folgend schließen sich nationale Agenturen zu internationalen Agenturnetzen zusammen. Getreu der Devise: „Global Denken und lokal Werben". Als Provokation wird die Benetton-Werbung mit Aidskranken und Bürgerkriegstoten erlebt. Werbung, die bislang dem schönen Schein huldigte, wendet erstmals die journalistische News-Regel an, dass nur schlechte Nachrichten gute Nachrichten sind. Eine neue Ehrlichkeit im Umgang mit der Öffentlichkeit entfaltet einen Charme des „Wir haben verstanden...". Andererseits bastelt die Werbung an neuen Mythen für das bevorstehende Millennium. "Cool" und „Kult" soll Werbung sein und werden. Apotheosen der Markenanbetung mit dem abgeklärten Understatement der Pop-Kultur, in der es eine allbekannte Tatsache ist, dass die Stars von heute die Oldies von morgen sind. Große Gefühle, Orientierung im Dschungel der Angebote, Gruppenzugehörigkeit und Betonung der Unterschiede zu anderen, die Werbung

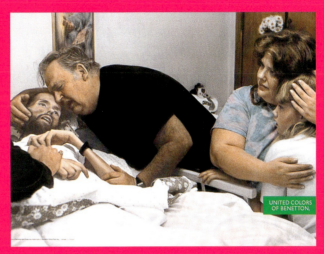

43/1

43/2

43/1+2
United Colors of Benetton. Benetton Group SPA, Ponzano. Plakate, 1992. Fotos: Oliviero Toscani.

bedient die Wünsche der Konsumenten danach zu wissen, wer sie sind.

Ressource Aufmerksamkeit

Es ist ihr durchschlagender Erfolg, der sich zur Jahrtausendwende gegen die Werbung selbst zu richten scheint. Werbeverbote kommen immer häufiger im Sinne einer Produkthaftung ins Gespräch. Die Informationsflut lässt die Aufmerksamkeit, die wichtigste Ressource der Wissensgesellschaft, erlahmen. Im gleichen Maßstab werden die werblichen Mittel und Formen einerseits schriller und andererseits persönlicher, um mit den eigenen Werbebotschaften die der Konkurrenz zu überblenden. Die One-to-One-Kommunikation wird zu einer realistischen Perspektive für Werbung. Ihre Geschichte, die als Massenkommunikation begann, löst sich auf in Kommunikation mit je Vereinzelten. Mit der Marktforschung und dem Internet sind ihr zugleich die Instrumente erwachsen, die für die neuen Kommunikationsverhältnisse nötig sind. Aufmerksamkeit zu erwirken, dieses instrumentelle Denken der Werbung, hat inzwischen alle Bereiche des gesellschaftlichen Lebens durchdrungen. Aufmerksamkeit scheint den Wert von Aktien ebenso zu bestimmen wie den von Individuen, die sich als Ich-AG selbst managen. Die Fixierung auf Quoten ist nur eines der deutlichsten Zeichen. Quote mit Qualität gleichzusetzen wie umgekehrt fehlende Quoten für ein Indiz von Qualität zu halten, verweisen darauf, dass die Verteilungskämpfe um die knappe Ressource Aufmerksamkeit begonnen haben.

Werbung in der DDR – Ein Kontrastmittel

Es ist eine altbekannte Tatsache der Ethnologie, dass die Beschäftigung mit anderen Kulturen vor allem dazu führt, mehr über die eigene zu erfahren, sie bewusster wahrzunehmen. Die fremde Kultur dient somit als eine Art Kontrastmittel.

In den Anfangsjahren des Arbeiter- und Bauernstaates bleibt die Werbung bürgerlich. Sieht man einmal von Warenbezeichnungen und Politparolen ab, so lassen Formensprache und Darstellungsweisen bis tief in die 50er-Jahre Unterschiede zwischen Ost und West kaum erkennen. Hüben wie drüben entstammen die Werbeschaffenden noch der gleichen Schule. Chruschtschows Parole, den Westen alsbald einfach zu überholen – und gleichsam als Beweis dafür der Sputnik im Kosmos – zeigen ihre Wirkung. Diese Konkurrenz der Systeme währt nicht lange. Mit dem Bau der Mauer lassen die Genossen den Anspruch fallen, in freier Konkurrenz die Menschen vom Sozialismus zu überzeugen. Denn sie verhindert die Abstimmung mit den Füßen. Der Verzicht darauf, die Menschen zu umwerben, macht auch die Werbung schlichtweg überflüssig. Werbung wird für die abgeschottete Mangelwirtschaft hinter der Mauer offiziell zum Relikt aus kapitalistischer Vergangenheit. Die anfangs heimlich empfangenen Werbesendungen aus dem Westen dagegen werden für die breite Masse zu Botschaften aus Schlaraffia. Für den Binnenmarkt gilt dagegen: Ein Auto, auf das man 12 Jahre warten muss, braucht keine Werbung. Bedeutung und Image der DDR-Werbung sinken ins Bodenlose, zusammen mit der Qualität. Geworben wird weitgehend nur noch für Ladenhüter, und das auf Papier minderer Qualität. Allein die Messe- und Exportwerbung kann sich eine Sonderstellung sichern, geht es hier doch um Devisenbeschaffung für die ewig klamme Staatskasse. Grafiker und Designer suchen sich Nischen im Bereich der „Kulturwerbung" und Buch-Illustration. Der Mauerfall ändert die Situation über Nacht. Dresden und Leipzig entwickeln sich zu Agentur- und Werbezentren. Und viele VIP's aus der Agenturszene des einstigen Westdeutschland entpuppen sich als waschechte Sachsen.

Aufmerksamkeit und Immunsystem

Der Kontrast zwischen Ost und West verdeutlicht, welche zentrale Rolle dem individuellen Begehren für das Wirtschaftswachstum zukommt. Es ist die Wunschmaschine der Werbung, die nicht einfach nur für Absatz sorgt, sondern die Ansprüche differenziert und starke Schübe von Individualisierung initiiert, die wiederum auf die Kommunikationsformen und auch das Warenangebot zurückwirken. Die einzige Grenze, die auch die Werbung nicht aushebeln kann, ist die der Aufmerksamkeitskapazität. Aber auch diese Grenzen lassen sich zumindest verschieben. Schaut man sich an, wie gemächlich ein Werbespot der 50er-Jahre sein Dramulett erzählt und vergleicht ihn mit der rasanten Schnittfolge eines Video-Clips unserer Tage, so bekommt man eine Ahnung, wie sich das Seh- und Auffassungsvermögen trainieren lässt. Die Video-Games steigern diese Leistungsfähigkeit unseres Sehapparates weiter. Andererseits gibt es bereits Filter und virtuelle Agenten, die die Informationsflut zumindest für den Bereich des Internet aufbereiten und Selektionsarbeiten übernehmen. Ihre Wirkungsweise ist unserem limbischen System vergleichbar, das den Körper durch Ekelgefühle davor schützt, sich zu vergiften.

Werbeverbote für einzelne Warengruppen könnten den Aufmerksamkeitsstress vermutlich nur kurzfristig ein wenig minimieren. Fehlende Werbeerlöse dagegen würden eine Reihe von Zeitschriften und Medien an den Rand ihrer Wirtschaftlichkeit bringen und Sponsorengelder den Ereignissen der Pop-Kultur entziehen. Der Wettbewerb um die Aufmerksamkeit würde damit aber nur verschoben. Berichte aus der US-amerikanischen Tabak-Industrie zeigen die Richtung an. Dort denkt man bereits darüber nach, die Zigarettenschachteln kommunikativ aufzurüsten, sie zum Beispiel mit Handy-Funktionen auszustatten.

Die Geschichte der Werbung und ihrer Kommunikationsverhältnisse bleibt also weiterhin spannend.

Simone Tippach-Schneider
Stiefkind der Planwirtschaft
Werbung in der DDR bis zu ihrem Verbot 1975

Fünfziger Jahre

Nach dem Zweiten Weltkrieg spielte die Werbung in der Wirtschaft der DDR vorerst so gut wie keine Rolle. Werbung wurde als Verschwendung volkswirtschaftlichen Vermögens angesehen. Die privaten Unternehmen versuchten mit Hilfe der Werbung an „alte Marken" und einzelne Produkte zu erinnern. Dabei griffen sie praktisch die Werbetätigkeit der Vorkriegsjahre auf und benutzen zuweilen Werbeunterlagen aus dieser Zeit. Im Handel sollten z.B. mit den Losungen „Kleide dich neu!" oder „Trinke nicht wahllos, trinke Wein!" schwer verkäufliche Waren angepriesen werden. Konventionell und spontan wirkten diese Werbeaktionen. Noch Mitte der fünfziger Jahre bestand ein deutlicher Unterschied im Werbeverhalten zwischen der privaten und volkseigenen Wirtschaft. Obwohl den kleinen, privat geführten Betrieben weniger Mittel zur Verfügung standen, warben sie häufiger für ihre Produkte und Dienstleistungen. Erst die zunehmende Verstaatlichung der Betriebe und die Konzentration der Produktion auf zentrale Herstellerbetriebe hatte zur Folge, dass die Sortimente bereinigt, Firmennamen vereinheitlicht und Werbung langfristig geplant und abgestimmt wurde.

Einer der ersten und mächtigsten Werbeeinrichtungen war die DEWAG (Deutsche Werbe- und Anzeigen-Gesellschaft). Ab 1945 hatte sie in Dresden sämtliche Werbe- und Anzeigengeschäfte, die Verkehrs- und Städtereklame sowie die Herstellung von politisch-agitatorischen Publikationen und Plakatanschlägen übernommen. Später erweiterte sich das Aufgabengebiet auf die Vermittlung und Verwaltung von Anzeigen, Kino- und Rundfunkwerbung und Reichsbahnwerbung. Ab 1949 war der Hauptsitz in Berlin. Außenstellen in den Bezirken des Landes entstanden, Werbewerkstätten, Dia-Produktion und ein Werbefilmstudio wurden eingerichtet. Ab 1955 versorgte die DEWAG bereits 99 Prozent aller Lichtspielhäuser mit Dias und Werbefilmen. Zur selben Zeit wurde in Berlin an der „Fachschule für Grafik, Druck und Werbung" der Studiengang Werbung aufgebaut. In dieser Abteilung studierten Schüler der volkseigenen Handelseinrichtung, des genossenschaftlichen Konsumverbandes und der DEWAG. Im April 1954 war die erste Nummer der Fachzeitschrift „Neue Werbung" in Berlin erschienen, die die Erfahrungen und Informationen zum Werbegeschehen zu vermitteln versuchte. Die meisten Werbeleute und Grafiker, die in der Werbung tätig waren, hatten ihre Ausbildung vor dem Kriege gemacht. Für neue Kader gab es zu wenig Ausbildungsstätten und es fehlte Fachliteratur. Die Fachschule und die Fachzeitschrift sollten ein Forum für Theorie und Praxis in der Werbung unter sozialistischen Verhältnissen bieten.

Das Vorwort in der ersten Ausgabe der „Neuen Werbung" im Mai 1954 schrieb der Stellvertreter des Ministeriums für Kultur, Alexander Abusch: „Was wir wünschen ist eine formschöne Werbung im sozialistischen Geiste, die Waren von hoher Qualität bekannt macht, die Bedürfnisse der Werktätigen verfeinert und ihren Sinn für Qualität heben hilft." In solchen oder ähnlichen Äußerungen zeigten sich auch die Ansprüche, welche die Partei- und Staatsführung an das alternative ökonomische System stellte, und die Ziele, die sie mit der praktizierten Konsumpolitik verfolgte. Das Denkmuster beinhaltete dabei drei wesentliche Argumentationspunkte. Zum einen ging man davon aus, dass in Kürze das Privateigentum an Produktionsmitteln in gesellschaftliches Eigentum umgewandelt sei, und sich daher jeder in der Gemeinschaft auch für die Qualität der Waren, die in den

47/1

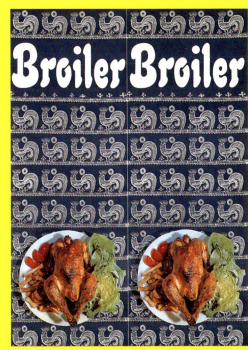
47/2

47/1
Fisch auf jeden Tisch.
DEWAG, Halle. Plakat,
1958.

47/2
Broiler – Broiler. DEWAG
Binnenmarktwerbung,
Berlin. Plakat, 1972.

47/3
DDR-Verpackungen für
Produkte des alltäglichen
Bedarfs. Verpackungen
aus den 80er-Jahren.

47/4
Spee-, Imi-, Ata-Verpack-
ungen. Im Sektor der
Reinigungsmittel
übernehmen die DDR-
Betriebe Markennamen
aus der Vorkriegszeit.
Verpackungen aus den
80er-Jahren.

47/3

47/4

48/1

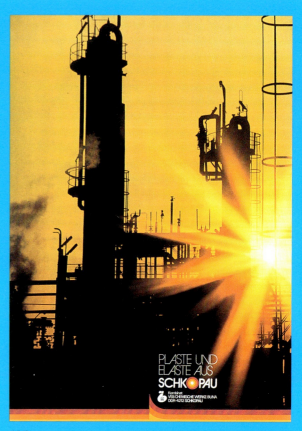

48/2

48/3

48/1
Handstaubsauger HSS 22
mit Schultergurt.
DEWAG, Leipzig.
Plakat, 1983.

48/2
Plaste und Elaste aus
Schkopau. Kombinat VEB
Chemische Werke, Buna.
Plakat, 1976.

48/3
Gesunde jugendfrische
Haut – jeden Tag. Florena
Cosmetic, Waldheim.
Anzeige, 1962.

Geschäften auslagen, verantwortlich fühlen müsse. Zum Zweiten sollte der Handel zwischen Produktion und Bedürfnissen vermitteln, da sich beim Verkauf die Wünsche und Vorstellungen der Käufer am einfachsten feststellen lassen. Und drittens ging es um die Einflussnahme auf die Bedürfnisse der Menschen. Der „Sinn für Qualität" verabscheute unter anderem den Luxus.

Am 28. Mai 1958 wurde auf der gemeinsamen Sitzung der Volks- und Länderkammer der DDR beschlossen, die Lebensmittelkarten abzuschaffen, und es wurde ein einheitliches Preisniveau für Waren festgelegt. Gleichzeitig wurden in hohem Umfang die Preise gesenkt und die Löhne erhöht. Die Kaufkraft stieg.

Doch von Anfang an war es nicht gelungen, eine effektive Wirtschaftspolitik durchzuführen. Die wirtschaftliche Planung und Organisation nach innen und nach außen zeigte sich widersprüchlich. Eine wirtschaftliche Stagnation und Schwächung der Stabilität des DDR-Systems zeichnete sich ab. Die Verschuldungen im Außenhandel nahmen drastisch zu, es fehlte an Importen wichtiger Rohstoffe, die größten Investitionsvorhaben kamen ins Stocken, die verstärkte Übersiedlung in die BRD führte zu einem spürbaren Mangel an Arbeitskräften. Die äußere Abschottung des Systems im Jahre 1961 sollte diesem ökonomischen Ausbluten operativ entgegenwirken.

Sechziger Jahre

Nach dem Mauerbau sollten im Auftrage der Parteiführung konkrete Maßnahmen einer Wirtschaftsreform erarbeitet werden. Ergebnis war das 1963 vom Staatsrat der DDR bestätigte „Neue Ökonomische System der Planung und Leitung der Volkswirtschaft", kurz „NÖS" genannt. Man plante bessere Grundlagen für die Wirtschaft und wollte die Eigenverantwortung fördern. Es entstanden erstmals Förderprogramme zur Entwicklung der Wirtschaft. Diese Reform bildete die Voraussetzung dafür, dass sich die Werbung über zehn Jahre als eigenständige Äußerungsform eines wirtschaftlichen, politischen und kulturellen Systems entwickeln und halten konnte. In den sechziger Jahren kamen unzählige neue Erzeugnisse auf den Markt, aus zum Teil völlig unbekannten Materialien. Das gewaltige Chemieprogramm mit der Losung „Chemie gibt Brot, Wohlstand, Schönheit" hinterließ nun auch in den Alltagsdingen seine Spuren. Neue Technik im Haushalt, neue Gerätschaften für den Urlaub und die freien Wochenenden, neue Kosmetik, neue Nahrungsmittel, neue Stoffe – viele Produkte mussten durch die Werbung erst bekannt gemacht und deren Gebrauch erläutert werden. Das Gezänk um die Daseinsberechtigung von Werbung im Sozialismus trat in den Hintergrund. Begriffe und Methoden der Werbung wurden zum Teil aus der westlichen Welt übernommen oder umgeschrieben auf sozialistische Vokabeln. In dieser Zeit prägten auch eine Vielzahl von Werbefiguren den Alltag, z.B. der Minol-Pirol, das Messemännchen oder die Fewa-Johanna. Typische Werbesprüche waren beispielsweise „Florena – und Sie fühlen sich wohl in Ihrer Haut", „Badusan – ein guter Rat in puncto Bad" oder „Koche mit Liebe, würze mit Bino!". Nur Werbung für Alkohol, Tabak, Kaffee und Luxusgüter waren strengstens untersagt. Und während die einen noch über Begriffe stritten, entwickelte sich im Verlaufe der sechziger Jahre eine wirkungsvolle Wirtschaftswerbung, die Aspekte der Information, Kommunikation, Methodik, Psychologie, Planung und Kosten beinhaltete. Eine jüngere Generation von Gebrauchsgrafikern, die Bilder des Fernsehens, moderne Herstellungstechniken aber auch der Einfluss westlicher Werbung brachten neue grafische Akzente in die Gestaltung der Werbemedien. 1968 erschien das „Handbuch der Werbung". Es lieferte eine umfassende Darstellung von theoretischen und praktischen Überlegungen zur Werbung in der DDR.

Das Werbefernsehen im Deutschen Fernsehfunk hatte bereits seit 1959 Werbefilme und auch Tipps für Beruf und Alltag gezeigt. Als „Schaufenster" der sozialistischen Staaten in Richtung Westdeutschland sollte das Werbefernsehen hauptsächlich politisch und agitatorisch wirksam sein. Doch die volkseigenen Betriebe kümmerten sich immer mehr um die Gewinnung neuer Absatzmöglichkeiten und organisierten eine wirkungsvollere Werbung für ihre Erzeugnisse. Immer häufiger standen nun die Produktinformationen im Mittelpunkt der gesendeten Spots.

Wichtigster Auftraggeber der Werbung blieb aber der staatliche bzw. genossenschaftliche Handel als einziger direkter Vermittler zwischen Industrie und Konsumenten. Die Industrie dagegen brauchte weder Konkurrenten noch mangelnden Absatz zu fürchten. Die Mehrzahl der Waren konzentrierte sich beim Großhandel und wurde von dort an die einzelnen Verkaufsstellen geliefert. Beim Großhandel herrschte der bessere Überblick über den Bestand, den Umsatz und den Warennachschub aus der Produktion. So setzte der Großhandel auch die zentralen Werbeschwerpunkte und schaffte Informations- sowie Werbematerial für den Einzelhandel. Werbung sollte so besser, d.h. zentral koordiniert und einheitlich im Auftritt sein. Doch die zentrale Versorgungspolitik hatte ihre Tücken, da nicht nur die Warenverteilung durch das enge Netz der Planhierarchie verlief, sondern auch die Rückkopplung von Nachfragen der Kunden bzw. Verkaufsstellen zur Produktion bzw. zum Einkauf nur indirekt über den Großhandel verlief.

50/1

50/2

51/1

50/1
Leipziger Messe –
Mustermesse. VEB
Messe- und Musikalien-
druck, Leipzig. Plakat,
1959.

50/2
MM-Webemaskottchen
der Leipziger Messe.

51/1
Dem Sozialismus gehört
die Zukunft – Werktätige
Einzelbauern werden
Mitglied in der LPG.
Kommission für Agita-
tion und Propaganda bei
der Bezirksleitung Halle
der SED. Plakat, 1958.

51/2
Unsere DDR – stärker –
reicher – schöner.
DEWAG Handels-
werbung, Berlin.
Plakat, 1964.

51/2

52/1

52/2

52/3

52/1
Wir haben doch gewonnen. 40 Millionen D-Mark erhielt das nationale Aufbauwerk durch VEB Zahlenlotto. Plakat, 1954.

52/2
Richtig getippt im VEB Zahlenlotto – Deine Wünsche gehen in Erfüllung. Plakat, 1954.

52/3
Sekundärrohstoffe – Annahmestelle. VEB Sekundärrohstofferfassung, Karl-Marx-Stadt. Kunststoff-Display, 1990.

52/4
Er läßt fast alles mit sich machen. IFA mobile – DDR. DEWAG, Dresden. Plakat, 1988.

52/4

Siebziger Jahre

Mit Beginn der siebziger Jahre verfolgte man in der DDR einen einseitigen Sparkurs. Betroffen waren hier Einrichtungen, in denen weder produziert noch politische Propaganda betrieben wurde. Immer mehr Werbeabteilungen mussten Etatkürzungen hinnehmen. Mit dem endgültigen Scheitern der Wirtschaftsreform, mit dem einseitigen und mangelnden Warenangebot in den Läden und der offensichtlichen Kluft zwischen Binnen- und Außenhandel ab Mitte der siebziger Jahre stagnierte die Werbung. Für was sollte noch geworben werden? Sinn machte nur noch die vom Handel und den Produktionsergebnissen unabhängige Gesundheits-, Arbeitsschutz- und politische Propaganda. Im Inland durfte nur noch für die Einsparung von Ressourcen, die Gesundheitserziehung, den Versicherungsschutz, die Kultur und die Lotterie geworben werden. Dagegen sollten keine Werbe- und Druckschriften hergestellt, Werbegeschenke, Muster oder Warenproben genutzt, Anzeigen, Plakate, Dias und Werbefilme geschaltet und Licht- und Sichtflächenwerbung angebracht werden.

Nur die Werbung für den Export konnte sich ungehindert entfalten, denn jedes Erzeugnis, dass ins westliche Ausland verkauft wurde, brachte nicht nur die dringend benötigten Devisen, zugleich wirkte es wie eine Visitenkarten des Staates DDR.

Mit dem gesetzlichen Werbeverbot im Inland 1975 verschob sich das Aufgabengebiet der Werbung in der DDR aufs Neue. Solange die wirtschaftliche Produktion und die Versorgung der Bevölkerung einigermaßen gewährleistet waren, hatte die Partei- und Staatsführung das übliche Maß an Propaganda nicht erhöht. Als aber der konsumpolitische Anspruch einer planmäßigen Bedürfnisbefriedigung nicht eingelöst werden konnte und sich das propagierte Gesellschaftssystem von einer besonders schwachen Seite zeigte, wuchs anscheinend der Bedarf an weiterer Legitimation. Diesen zusätzlichen Propagandaaufwand übernahm nun zu großen Teilen die DEWAG. Und plötzlich wurde die Frage der fünfziger Jahre wiederholt: „Brauchen wir im Sozialismus die Werbung?" Der Berufszweig musste sich zunehmend selbst rechtfertigen. Auch die Diskussionsthemen gingen nunmehr in Richtung politische Agitation, Wirtschaftspropaganda und Gebrauchsgrafik für kulturelle und gesellschaftliche Einrichtungen.

Marketing

Bernd M. Michael
**Wenn die Marke „Love me!" schreit
Marken auf Partnersuche**

Marken wollen geliebt werden. Nichts ist ihnen wichtiger als das. Es geht ihnen nicht anders als den Menschen. Man kann fast sagen: Ein ungeliebter Mensch ist keiner. Man kann ganz sicher sagen: Eine ungeliebte Marke ist keine. Sie ist deshalb keine, weil niemand etwas mit ihr zu tun haben will.

Der schrecklichste Ausdruck des Nicht-Geliebt-Werdens ist Gleichgültigkeit. Wenn die Menschen also sagen, denken oder fühlen: Das ist mir egal. Das hat für mich keine Bedeutung. Das interessiert mich nicht.

Tausenden von Marken in Deutschland und in aller Welt geht es so: Sie lassen die Menschen ganz einfach kalt. Wo sie heiß geliebt werden wollen, wo sie wirklich etwas bedeuten sollten, wo die Menschen fühlen müssten: Ohne dich kann ich nicht leben! – da ist plötzlich der Ofen aus. Die Konsumenten, für die das alles mit viel Mühe, Aufwand und Geld erschaffen worden ist, wenden sich ab und sagen: Betrifft mich nicht. Berührt mich nicht ... und tschüss!

Wer oder was ist schuld daran? – Die Marke? Die Werber? Die Werbung? Die Konsumenten? – Wir wollen das untersuchen.

Die Love Calls der Sandkörner

Fast 4.000 Marken bitten in Deutschland mit einem Einsatz von jeweils mehr als 1 Mio. Mark um Aufmerksamkeit. Über 50.000 Marken gibt es insgesamt. Der Konsument wird von ihren Liebesschreien förmlich überflutet: In 5.000 TV-Spots buhlen sie täglich um ihn. 7.000 Mal seufzen sie jeden Tag im Radio: Komm, nimm mich! Und tagaus, tagein schreiben sie 3.500 heiße Liebesbriefe in den Zeitschriften und Zeitungen. Sie gehen in den neuen Medien auf Partnersuche. Sie sagen e-commerce und meinen me-commerce.

Was lässt sich denn gegen so viel Liebe einwenden? Liebe ist doch schön?

Das sind die Einwände:

Erster Einwand: Der durchschnittliche Verbraucher hat einen Wortschatz von 1.800 Wörtern. Selbst, wenn er nur in Marken spräche, („Heinz, mon cherie, die 5-Minuten-Terrine, merci!") könnte er sich kaum die Hälfte merken. Tatsache ist: In seinem Hirn haben für jede Produktkategorie gerade mal ein Dutzend Marken Platz.

Zweiter Einwand: Der größte Teil der Liebesgrüße ist so unterscheidbar wie Kartoffelbrei. Fast alle bieten dasselbe. Fast alle sehen einander ähnlich wie Eier von der Hühnerfarm. Möglicherweise sieht es ja im Innern der Eier anders aus: Zwei Dotter. Ein kleiner Strauss. Ein Kolibri. Ein Paradiesvogel. Ein Ichthyosaurier. Aber allermeistens macht das keiner deutlich.

Dritter Einwand: Die Werbung tut vieles. Mal schreit sie. Mal schmust sie. Mal nervt sie. Mal droht sie. Mal vernebelt sie. Und mal ist sie irre kreativ. Aber viel zu selten entdeckt sie den einzigartigen Kern, den Charakter einer Marke und macht ihn blitzschnell sichtbar. Macht ihn so sichtbar, dass man das nie wieder vergisst. Dass man sagt: Hey, die meint wirklich mich! Dass man sagt: Die versteht mich! Die gibt mir, was mir fehlt!

Was sagt uns das?

Der Konsument muss der Marke Platz in seinem Kopf einräumen. Und übrigens auch in seinem Bauch. Die Liebesgrüße müssen so sein, dass er erkennt: So was, das gibt's nur einmal. Das muss ich haben. Und die Werbung darf ihm keine Zeit stehlen. Sie muss ihn so schnell und so einleuchtend überzeugen, dass er nur noch „Bingo!" sagen muss.

Ein Abend im TV

750 gesehene Spots, davon 1-2 eigene bei 1 Mio. DM Etat im Monat

Basis: 19.00 - 23.00 Uhr, Anteil von Spotvolumen 96, Kosten brutto, eigene Spots anteilig nach Marktdurchschnitt.

GREYWORLDWIDE

57/1

57/2

57/1
Die Nadel im Heuhaufen. Die Grafik zeigt die Kommunikationswirkung, die ein Unternehmen erreichen kann, das einen Werbeetat von einer Million Mark im Monat in Fernsehwerbung investiert. Grafik: Grey, Düsseldorf.

57/2
Fast alle Produkte einer Gattung bieten nahezu ähnliche Leistungen. Verpackungen dienen als Kommunikationsmedien, um den Konsumenten Unterschiede zu verdeutlichen.
Foto: Grey, Düsseldorf.

58/1

58/2

58/1
So visualisiert man den Produktnutzen. Die Borsten der Zahnbürste schonen das Zahnfleisch. Der Tomaten-Test macht diesen Produktnutzen auf den ersten Blick anschaulich.
Foto: Grey, Düsseldorf.

58/2
Dr. Best personifiziert die Erfahrung, die in der Entwicklung einer Produktinnovation liegt.
TV-Still: Grey, Düsseldorf.

So wird aus einem Sandkorn unter unendlich vielen eine ganze Welt.

Wie man Liebe macht

Liebe entsteht durch Ausstrahlung. Ausstrahlen kann man nur, was man hat. Jeder hat was. Aber Marken, wie Menschen, verbergen sich oft hinter Masken. Beispielsweise hinter der Maske der Gruppe. Beispielsweise hinter der Maske der Konvention. Beispielsweise hinter der Maske der Monotonie.

Nehmen wir zur Demonstration eine Zahnbürste. Zahnbürsten reinigen die Zähne. Das ist die Gruppe. Zahnbürsten sind Zahnbürsten. Das ist die Konvention. Zahnbürsten waren immer so. Das ist die Monotonie.

Was ergibt sich daraus zwangsläufig? – Erstens: Alle Zahnbürsten sind gleich. Zweitens: Es ist egal, welche du kaufst. Drittens: Gib bloß nicht zu viel Geld dafür aus.

Was passiert nun, wenn eine Zahnbürste die Gruppe verlässt, die Konvention bricht und das sattsam bekannte Terrain aufgibt? Dann gibt es plötzlich eine wie die Dr. Best.

Die hat etwas, was die anderen nicht haben. Sie schont das Zahnfleisch. Wo's wehtut, macht sie heile-heile Gänschen. Die Zähne reinigt sie ganz nebenher. Das kann ja jede.

Der alte Dr. Best hat ihn erfunden, diesen Wunderschrubber. Das ist ein richtiger Zahn-Freak. Seine Zahnbürste ist eine Liebeserklärung an das Zahnfleisch. Er hat Jahre dran gearbeitet. Ein Leben Erfahrung eingebracht. Was dabei herausgekommen ist, beweist die Tomate.

So macht man Liebe – bei Zahnbürsten und bei Menschen: Man begreift, was dem geliebten Menschen fehlt. Man gibt es ihm. Und man gibt ihm das Gefühl, dass niemand anders besser Liebe machen kann.

Liebe ist ...?

Das ist die erste Lektion für erfolgreiche Liebhaber: Sei nicht wie alle anderen. Verlass die Gruppe. Liebe ist – wenn's keiner besser kann. Und hier ist die zweite Lektion: Sei besonders. Gib etwas, was sonst niemand gibt. Pfeif auf die Konvention. Liebe ist – wenn's einmalig ist. Und das ist die dritte Lektion: Zeig dich so, dass man dich nie vergisst. Das muss einschlagen wie ein Blitz. Liebe ist – wenn's knallt.

Die großen Lover der Werbung: Brand Value Signals®

Große Liebhaber hat es in der Werbung schon immer gegeben. Manche sind inzwischen steinalt. Niemand merkt es. Die Maggi-Flasche ist der Methusalem unter den Liebhabern. Die Odol-Flasche auch. Alle haben eins gemeinsam: Wer sie einmal gesehen hat, vergisst sie nie wieder.

Die Verpackung hatte ihre große Zeit. Heute wird sie aus Kostengründen oft standardisiert. Man muss sich mal überlegen, was das bedeutet: Wo die Verpackung zur Einheits-Uniform wird, sind Marken nicht mehr als Maos blaue Ameisen.

Es heißt: Der Ton macht die Musik. Werber und Markenartikler sollten besser sagen: Die Verpackung macht die Marke. Die Verpackung muss allerdings den Kern und den Charakter der Marke demonstrieren. Sie muss das Wesen der Marke sichtbar machen. Ein für allemal. Die Verpackung sendet die essenziellen Signale aus: Charakter, Substanz, Mehr-Wert.

Bei Grey heißen diese Signale Brand Value Signals®. Sie heißen so, weil sie nicht nur Signale sind, sondern gleichzeitig die kompetitive Substanz erkennen lassen. Kompetitive

59/1

59/2

59/1
Verpackungs-Gestaltungen, die man nicht vergisst. Sie geben der Marke ein unverwechselbares Erscheinungsbild.
Foto: Grey, Düsseldorf.

59/2
„Wo die Verpackung zur Einheits-Uniform wird, sind Marken nicht mehr als Maos blaue Ameisen", sagt Bernd M. Michael, Deutschlands Marken-Guru.
Foto: Grey, Düsseldorf.

Substanz entsteht durch die Verbindung der Fakten des Produktes mit den Mythen der Marke.

Brand Value Signals® erkennt man daran, dass man sie erkennt. Sie sind unverwechselbar. Sie brauchen nur ein Stück davon auf den Tisch zu legen, und schon weiß jeder Bescheid.

Brand Value Signals® erkennt man daran, dass sie Bilder im Kopf und im Bauch entstehen lassen. Die Richtigen.

Und Brand Value Signals® erkennt man daran, dass sie mit ins tägliche Leben genommen werden.

Das Marken-Kamasutra

Liebe ist Kreativität. Werbung auch. Mit ein paar leicht her gesagten Worten wie diesen hier, ist viel Unheil gestiftet worden. Die Liebes-Experten haben Bücher geschrieben, in denen alle möglichen Verrenkungen als Liebe deklariert worden sind. Die Werbung hat ebenfalls unglaubliche Verrenkungen gemacht und sie Kreativität genannt. Gestern wie heute.

Liebe ist aber nicht Kamasutra, und Kreativität kann nicht der Versuch sein, die Laokoon-Gruppe neu zu erfinden.

Liebe ist ohne Wenn und Aber. Kreativität muss es auch sein. Liebe ist ein hoch emotionales Du-Ich-Happening. Werbung ist eine kaufmännische Zweck-Veranstaltung. Das heißt: Sie kann so wunderbar, so aufregend, so schön sein, wie sie will. Aber sie muss sich dem Zweck unterordnen: Marke machen, Marke positionieren, Marke verkaufen.

Das ist die schlechte Nachricht für alle, die denken, dass Werbung oder Liebe eine Form der Selbstverwirklichung auf Kosten anderer ist. Oder ein Event mit artistisch-akrobatischen Einlagen.

60/1

61/1

60/1
„Brand Value Signals® erkennt man daran, dass man sie erkennt. Sie sind unverwechselbar", argumentiert Bernd M. Michael. Die Wirksamkeit des Logos kennt jeder Konsument aus eigener Erfahrung.
Grafik: Grey, Düsseldorf.

61/1
„Brand Value Signals® erkennt man daran, dass sie Bilder im Kopf und im Bauch entstehen lassen." Solche Bilder sind es, die wirksame und damit effiziente Werbung ausmachen.
TV-Stills: Grey, Düsseldorf.

Ratio   Emotio

„Mehr Souveränität und Unabhängigkeit vom Bargeld."   „Mehr Freiheit in jeder Situation ohne elitäres Status-Denken."

62/1

62/1
Kopf und Bauch, Ratio und Emotio sind keine Gegensätze. Werbung bedient beides. Argumente und Gefühle müssen zueinander passen, wenn Werbung wirkungsvoll Aufmerksamkeit erzielen soll.
Grafik / TV-Still: Grey, Düsseldorf.

Verbale Brand Value Signals®

Nicht immer aber immer öfter.	„Mehr Bank braucht kein Mensch."
Die Freiheit nehm' ich mir.	Ich will so bleiben wie ich bin.
Nichts ist unmöglich...	Neue Energie.
So nah, als wär' man da.	Ich bin doch nicht blöd.
Bin ich schon drin oder was?	Einmal gepoppt, nie mehr gestoppt...

63/1

63/1
„Brand Value Signals® erkennt man daran, dass sie mit ins tägliche Leben genommen werden", beschreibt Bernd M. Michael die sprachliche Wirkungsdimension. Slogans, die zu geflügelten Worten taugen. Grafik: Grey, Düsseldorf.

Aber hier ist die gute Nachricht: Kreativität ist genau wie Liebe, wenn alles richtig gemacht wird – haut sie dich einfach um.

Wir haben zwar keinen neuen Namen für Liebe finden können, wohl aber eine neuen Begriff für diese Art Kreativität. Wir nennen sie: Wirkungs-Kreativität. Wirkungs-Kreativität sichert den Erfolg der Marke in der Gegenwart, ohne ihre Zukunft zu beeinträchtigen.

Manches, was Sie schon immer über Werbung wissen wollten, aber nie ...

Ein großer Werber soll mit Henry Ford gewettet haben: „Ich schreibe Ihnen einen Text, den Sie vom Anfang bis zum Ende lesen." Der Text hatte die Schlagzeile: „Ein paar wichtige Informationen über Henry Ford."

Schönen Dank, dass Sie bis hierhin gelesen haben.

Berthold Bodo Flaig
**Werbung braucht Marktforschung
Beispiel: Sinus-Milieus in Ost und West**

Wozu Marktforschung?

Die Kosten zur Etablierung einer neuen Marke oder eines neuen Produkts steigen unaufhörlich. Verantwortlich dafür sind gesättigte Märkte, „hybride" (d. h. zunehmend unberechenbarere) Verbraucher, Konkurrenzdruck und permanenter Innovationswettlauf – nicht zu reden von Globalisierung und Hyperwettbewerb. Das Marketing steht also vor enormen Herausforderungen. Und es leuchtet unmittelbar ein: In dieser Situation wird die Ausstattung mit den richtigen Informationen zu einem zentralen Element der Unternehmensführung.

Der Marktforschung, besser: der strategischen Marketingforschung, kommt daher eine wachsende Bedeutung zu. Strategisch soll heißen: Mit sensiblen Methoden den raschen Wandel in Wirtschaft und Gesellschaft aufzuarbeiten und zu verstehen – und vor allem die Veränderungen so frühzeitig zu erkennen und in fundierte Prognosen umzusetzen, dass den Unternehmen Zeit bleibt, ihre Marktposition zu erhalten oder gar auszubauen. Denn kein Wettbewerbsvorteil ist von Dauer. Im Gegenteil, deren Halbwertszeit sinkt. Vorausdenken wird immer mehr zur Notwendigkeit, um wirtschaftlich zu überleben.

Wer heute etwas verkaufen will, muss sich klar darüber werden, wo seine künftigen Erfolgspotenziale liegen, welche Wünsche und Ansprüche die angepeilten Zielgruppen haben, wie er mit ihnen am besten kommunizieren kann, wie schließlich sein Angebot ausgestaltet, beworben und vermarktet werden soll. Hier kommt die Marktforschung ins Spiel, die den Verbraucher, seine Einstellungen, Gewohnheiten, Motive und Bedürfnisse durchleuchtet und damit in Bezug auf ein bestimmtes Angebot bestehende Schwächen aufdeckt und neue Chancen erschließt.

Welche Marktforschung?

Die Hauptfrage ist: Wer sind meine Zielgruppen? An wen verkaufe ich was, auf welchem Wege und mit welcher Kommunikation (Werbung)?

Wenn früher für die Entwicklung einer Marketingstrategie die Einordnung der potenziellen Kunden in Alters- oder Berufsgruppen genügte, gilt es heute, die Verbraucher ganzheitlich zu betrachten und als Individuen mit persönlichen Wertvorstellungen und Vorlieben zu verstehen. Auch die häufig angewandte Analyse nach Lebensphasen, Einstellungstypen oder sozialen Schichten ist nur ein grobes Instrument zur Zielgruppenselektion. Denn Zielgruppen setzen sich aus lebendigen Menschen zusammen, die nicht auf den künstlichen Status von „Merkmalsträgern" reduziert werden sollten.

Zielgruppen gerechte Produktentwicklung und Positionierung (Platzierung eines Produkts im Umfeld des Wettbewerbs), erfolgreiche Markenführung und Kommunikation sind heute nur noch möglich, wenn man von der Lebenswelt und dem Lebensstil der Kunden ausgeht, die man erreichen will. Denn nur derjenige kann sich in die Erwartungen und Vorstellungen des potenziellen Käufers, in dessen Produkterlebnisse und Kaufmotive hineinversetzen, der den Alltag kennt, aus dem sie erwachsen.

Die althergebrachten Verfahren zur Zielgruppenbestimmung reichen bei weitem nicht mehr aus, um diese Kunden kennen zu lernen. Formale Gemeinsamkeiten, eine vergleichbare soziale Lage, vielleicht sogar eine ähnliche Einstellung zum Produktbereich, kann mit ganz unterschiedlichen Lebensstilen und Wertorientierungen verbunden sein. Konsum und Markenpräferenzen werden aber von Lebenszielen, Lebensstilen und ästhetischen Präferenzen deutlich mehr bestimmt als von der Soziodemografie. Wenn 20- bis 29-Jährige überdurchschnittlich häufig ein bestimmtes Produkt kaufen, heißt das noch lange nicht, dass sie dieses Produkt kaufen, weil sie 20 bis 29 Jahre alt sind. Viel wahrscheinlicher ist, dass dieses Produkt einem in der Altersgruppe verbreiteten hedonistischen Lebensgefühl besonders gut entspricht. Nur die ganzheitliche Betrachtung des Individuums führt also zu realistischen Beschreibungen der Alltagswirklichkeit, zu Zielgruppen, die es wirklich gibt.

Der Ansatz der Sinus-Milieus ...

Das Marktforschungs- und Beratungsinstitut Sinus Sociovision (Paris und Heidelberg) hat dazu einen eigenständigen Forschungsansatz entwickelt: die Sinus-Milieus.

Die Sinus-Milieus sind das Ergebnis von zwei Jahrzehnten sozialwissenschaftlicher Forschung. Das Zielgruppenmodell von Sinus Sociovision orientiert sich an der Lebensweltanalyse unserer Gesellschaft und fasst Menschen zusammen, die sich in Lebensauffassung und Lebensweise ähneln. Man kann die Milieus deshalb auch als „Gruppen Gleichgesinnter" bezeichnen. Die Definition der Sinus-Milieus geht aus von der Lebenswelt und dem Lebensstil der Menschen – und nicht von formalen Kriterien wie Schulbildung, Beruf oder Einkommen. Grundlegende Wertorientierungen gehen dabei ebenso in die Analyse ein wie Alltagseinstellungen zur Arbeit, zur Familie, zur Freizeit, zu Geld und Konsum.

Die Sinus-Milieus rücken also den Menschen und seine Lebenswelt ganzheitlich ins Blickfeld und bieten deshalb dem Marketing mehr Informationen und bessere Entscheidungshilfen als herkömmliche Zielgruppenansätze.

Das Milieumodell ist ein verstehender Ansatz, der ursprünglich aus der Ethnomethodologie stammt. Was die Ethnologen mit fremden Kulturen getan haben, übertragen die Sinus-Forscher auf die Subkulturen (die Milieus) unserer eigenen Gesellschaft: Sie bringen die Menschen zum Reden, und zwar in ihrer eigenen Sprache. Sie sammeln diese „Alltagserzählungen" und versuchen daraus die Werte, Einstellungen, Traditionen und Motive der Menschen zu verstehen – ohne vorgefertigte Sichtweisen und Interpretationsschemata anzulegen.

... und seine Anwendung

In der Anwendung auf die Fragestellungen und Probleme des Marketing hat sich das Milieumodell als leistungsfähiges, außerordentlich realitätsnahes Instrument für die strategische Planung erwiesen, weil es die Alltagswirklichkeit sensibel genug abbildet, und gleichzeitig einen im Zeitverlauf weitgehend stabilen Analyserahmen zur Beschreibung der sozialen Wirklichkeit liefert.

Dies ist wohl der Grund, warum die Sinus-Milieus inzwischen breite Verkehrsgeltung erlangt haben. Sie haben sich als Basis-Zielgruppen in den unterschiedlichsten Märkten bewährt: Zur differenzierten Beschreibung von Kunden- und Käufergruppen, zur Früherkennung und Lokalisierung von Einstellungsänderungen, zur gezielten Positionierung von Produkten und Dienstleistungen, zur Definition von Marktsegmenten für neue Produkte und Relaunches, zur Aufspürung von Marktnischen, sowie zur effizienten Ansprache von Käuferpotenzialen.

Zielgruppenanalysen auf Basis der Sinus-Milieus werden von großen Markenartikel-Herstellern und Dienstleistungsunternehmen ebenso genutzt wie von politischen Parteien und öffentlichen Auftraggebern. Viele Werbe-, Media- und PR-Agenturen und mehrere Verlage arbeiten mit diesem Konzept. Bei vielen Anwendern haben die Erkenntnisse der Sinus Milieuforschung zu einer grundlegenden Neuorientierung im Marketing geführt – von der Produktentwicklung über die Imagepolitik und Mitarbeiterschulung bis hin zur Werbung.

Durch die Einbeziehung in verschiedene Markt-Media-Studien (groß angelegte Untersuchungen des Konsumverhaltens und der Mediennutzung) hat das Sinus-Milieumodell auch Eingang in die Media-Planung, d. h. die Auswahl der Werbeträger, z. B. für Fernseh-Spots oder Zeitschriften-Anzeigen, gefunden. Außerdem sind die Sinus-Milieus in kontinuierliche Messungen des Konsumverhaltens (so genannte Verbraucher-Panels) sowie in Kontrollmessungen des Werbeerfolgs (so genannte Trackings) integriert – und sind damit in einem umfassenden Informationssystem verankert, das für die Zielgruppenoptimierung genutzt wird. Dies gilt für alle Bereiche des Marketing, insbesondere für die Produktentwicklung, die Markenpositionierung und die Kommunikationsplanung.

Die Sinus-Milieus haben sich als strategisches Tool für Marketing und Kommunikation so praktisch erwiesen, dass es entsprechende Ansätze heute in Deutschland, in den Niederlanden, in Frankreich, Großbritannien, Italien, Spanien, Russland, Polen, Ungarn, Tschechien, in der Slowakei und in Nordamerika gibt. In einigen anderen Ländern laufen die vorbereitenden Entwicklungsarbeiten.

Die Sinus-Milieus in Deutschland 2000

Für Planungen im gesamtdeutschen Markt steht jeweils ein spezifisches Milieumodell für die alten und für die neuen Bundesländer sowie auch ein gesamtdeutsches Milieumodell zur Verfügung.

Die gesellschaftliche Entwicklung in den neuen Ländern ist noch stark in Bewegung. Die politischen Umwälzungen nach der Wende haben einen beschleunigten sozio-kulturellen Wandel in Gang gesetzt, von dem die Menschen im Osten bis heute betroffen sind. Trotz vielfältiger Angleichungsprozesse bestehen bei Ost- und Westdeutschen nach wie vor Unterschiede in Lebenseinstellungen, Mediennutzung, Konsumorientierungen und Alltagsverhalten.

Inwieweit auf diese Unterschiede, und damit auf die unterschiedlichen Milieumodelle für West und Ost fokussiert wird, hängt von der jeweiligen Aufgabenstellung ab. In vielen Fällen ist schon heute die gesamtdeutsche Perspektive – auch wenn sie zwangsläufig bestimmte Unterschiede nivelliert – ausreichend und angemessen.

Die Milieus entwickeln sich, entsprechend dem gesellschaftlichen Wertewandel, kontinuierlich fort. Ost und West wachsen – 10 Jahre nach der Wiedervereinigung – allmählich zusammen. Die gewachsenen Affinitäten zwischen West- und Ost-Milieus machen inzwischen Auswertungen auf gesamtdeutscher Ebene möglich. Fünf der insgesamt elf Ost-Milieus wurden schon seit der letzten Überarbeitung des Modells Mitte der 90er-Jahre gesamtdeutsch beschrieben und haben in West- und Ostdeutschland identische Namen. Das heißt, es sind strukturell gleiche Lebenswelten in den alten wie in den neuen Bundesländern. Vier weitere Ost-Milieus werden den westlichen Pendants immer ähnlicher. Diese bezeichnet Sinus Sociovision als Konvergenz-Milieus.

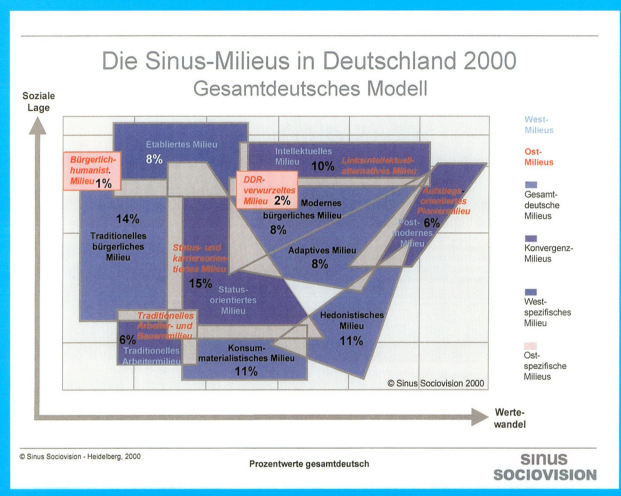

67/1
Die Sinus-Milieus 2000:
Gesamtdeutsches Modell.

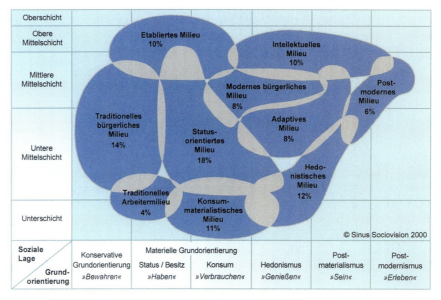

68/1
Die Sinus-Milieus in
Deutschland-West 2000
Soziale Lage und
Grundorientierung.

Kurzcharakteristik der Sinus-Milieus in Deutschland

WEST

Gesellschaftliche Leitmilieus
- **Etabliertes Milieu**
  Die erfolgsorientierte Konsum-Elite unserer Gesellschaft mit ausgeprägten Exklusivitätsansprüchen
- **Intellektuelles Milieu**
  Die aufgeklärte, postmateriell orientierte Werte-Avantgarde unserer Gesellschaft
- **Postmodernes Milieu**
  Die individualistische, „multi-optionale" Life Style-Avantgarde unserer Gesellschaft

Moderner Mainstream
- **Adaptives Milieu**
  Der gut ausgebildete, mobile und pragmatische Mainstream der jungen modernen Mitte
- **Statusorientiertes Milieu**
  Die beruflich und sozial aufstrebende untere Mitte - die Erfolgsinsignien unserer Konsumgesellschaft im Blick
- **Modernes bürgerliches Milieu**
  Die konventionelle neue Mitte, die nach einem harmonischen, behüteten Leben in gesicherten Verhältnissen strebt

Traditioneller Mainstream
- **Traditionelles bürgerliches Milieu**
  Die Sicherheits- und Status quo-orientierte Kriegsgeneration, die an den traditionellen Werten wie Pflicht und Ordnung festhält
- **Traditionelles Arbeitermilieu**
  Die an den Notwendigkeiten des Lebens ausgerichtete traditionelle Arbeiterkultur der Eckkneipen, Kleintierzüchter und Schützenvereine

Moderne Unterschicht
- **Konsum-materialistisches Milieu**
  Die stark materialistisch geprägte Unterschicht, die Anschluss halten will an die Konsum-Standards der breiten Mitte
- **Hedonistisches Milieu**
  Die unangepasste junge Unterschicht, die Spaß haben will und sich den Konventionen und Verhaltenserwartungen der Leistungsgesellschaft verweigert

Durch die Repräsentativität des Sinus-Milieu-Ansatzes lassen sich die Angehörigen der einzelnen Milieus quantitativ exakt auf die Bevölkerung abbilden, wie am Beispiel der aktuellen Milieustruktur in Deutschland dargestellt. Allerdings: Die Grenzen zwischen den Milieus sind fließend; Lebenswelten sind nicht so (scheinbar) exakt eingrenzbar wie soziale Schichten. Soziale Wirklichkeit ist nicht ganz so einfach in Schubladen zu stecken. Sinus Sociovision nennt das die „Unschärferelation der Alltagswirklichkeit". Ein grundlegender Bestandteil des Milieukonzeptes ist, dass es zwischen den Milieus Berührungspunkte und Übergänge gibt. Diese Überlappungspotenziale sowie die Position der Milieus in der deutschen Gesellschaft nach sozialer Stellung und Grundorientierung sind in den drei „strategischen Landkarten" für Gesamtdeutschland, West- und Ostdeutschland veranschaulicht: Je höher ein bestimmtes Milieu in diesen Grafiken angesiedelt ist, desto gehobener sind Bildung, Einkommen und Berufsgruppe; je weiter es sich nach rechts erstreckt, desto weniger traditionell ist seine Grundorientierung.

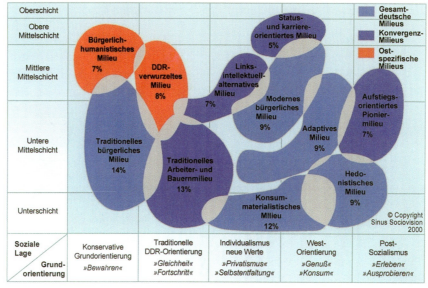

70/1

Kurzcharakteristik der Sinus-Milieus in Deutschland

OST

Konvergenz-Milieus
- Linksintellektuell- alternatives Milieu
  Idealistisch- konsumkritisches Intellektuellenmilieu mit konsequenten postmateriellen Ansprüchen
  (Konvergenz mit dem Intellektuellen Milieu im Westen)

70/1
Die Sinus-Milieus in Deutschland-Ost 2000
Soziale Lage und Grundorientierung.

- **Status- und karriereorientiertes Milieu**
  Die status- und prestigeorientierten „Wendehälse" der ersten Stunde, die sich mit den westlichen Lifestyle-Normen identifizieren (Konvergenz mit dem etablierten Segment des Statusorientierten Milieus im Westen)
- **Aufstiegsorientiertes Pioniermilieu**
  Das Milieu der unkonventionellen neuen Aufsteiger, die sich als „Gewinner der Einheit" verstehen (Konvergenz mit dem leistungsorientierten Segment des Postmodernen Milieus)
- **Traditionelles Arbeiter- und Bauernmilieu**
  Von den Nachwende-Verhältnissen enttäuschtes altproletarisches Milieu der Facharbeiter und Genossenschaftsbauern (viele Ähnlichkeiten mit dem Traditionellen Arbeitermilieu im Westen)

Ost-spezifische Milieus
- **Bürgerlich-humanistisches Milieu**
  Das konservative Bildungsbürgertum, das noch die alten protestantischen Tugenden hochhält (entspricht dem früheren Konservativen gehobenen Milieu im Westen)
- **DDR-verwurzeltes Milieu**
  Ehemals staatstragendes Milieu der „abgewickelten" Führungskader in Partei, Verwaltung, Wirtschaft und Kultur (bis heute keine Angleichung an westdeutsche Lebenswelten)

Antonella Mei-Pochtler
Sharebranding – die Aktie als Marke
Der Wettbewerb um die Gunst der Anleger

Die Kampagnen waren wohl einzigartig. Wochenlang bekämpften sich Mannesmann und Vodafone AirTouch Ende 1999, um die Aktionäre von ihren Positionen im Übernahmepoker zu überzeugen. Das Ergebnis ist bekannt, Vodafone ging als Sieger hervor. Was nicht weniger relevant ist: In diesem Zeitraum stiegen die Aktien beider Unternehmen deutlich an. Noch nie wurde Aktienwerbung mit soviel Aufwand betrieben wie heute. Die Aktie ist ein Produkt, das die Werbebranche florieren lässt. Aber ist die Aktie schon ein Markenartikel? Sie hat auf alle Fälle die Voraussetzungen dafür.

Ein weiteres Beispiel: Im März diesen Jahres wurde eine Ausgründung der Siemens AG, der Halbleiterhersteller Infineon AG, an die Börse gebracht. Wie kam es, dass dieser Börsengang in der Öffentlichkeit eine so überwältigende Resonanz erfuhr? Wieso berichtete selbst die Bild-Zeitung auf ihrem Titelblatt von diesem Ereignis? Weshalb war das Angebot 33-fach überzeichnet? Warum verdoppelte sich der Ausgabekurs innerhalb weniger Stunden? – Fragen, die sich mit der konventionellen Aktientheorie nur schwer beantworten lassen; Fragen, die weit über den speziellen Vorgang hinaus Bedeutung haben; und Fragen, die zeigen, dass an der Börse nicht immer rationale und logische Argumente zählen.

Die Beispiele von Mannesmann/Vodafone und Infineon zeigen, dass der Preis einer Aktie – ähnlich wie auch bei Konsumgütern – neben fundamentalen Faktoren zu einem hohen Anteil durch subjektive, nicht-fundamentale Faktoren bestimmt wird. Durch ein aktives Management der Aktie als Marke kann eine so genannte Prämie auf den Aktienpreis realisiert werden, d.h. die Aktie wird vom Markt höher bewertet als es ihren Fundamentaldaten entspricht.

Da Investitionsentscheidungen für Finanztitel auch von „unterbewussten Gefühlen", „Emotionen" und „nicht-finanziellen Informationen" beeinflusst werden – vergleichende Untersuchungen und Befragungen der Boston Consulting Group haben ergeben, dass diese „weichen" Faktoren bis zu 40 Prozent der Investitionsentscheidung erklären – scheint ein erheblicher Spielraum vorhanden zu sein, um Markenprämien zu realisieren.

Was sind die Voraussetzungen, will man eine Aktie als Marke aufbauen?

Die Investoren verstehen

Ein umfassendes „Sharebranding" setzt voraus, dass man seine gegenwärtigen Aktionäre und relevanten Informationsmittler genau kennt. Nach welchen Kriterien beispielsweise entscheiden sich diese Gruppen für oder gegen einen Aktienkauf? Dazu muss eine Grobsegmentierung vorgenommen werden, um für die einzelnen Segmente die Entscheidungskriterien zu ermitteln. Denn innerhalb der jeweiligen Untergruppen unterscheiden sich die harten und weichen Faktoren – sie besitzen einen jeweils unterschiedlichen Stellenwert.

Die Performance verstehen

Ebenso wie ein tiefes Investorenverständnis unerlässlich ist, bildet auch die genaue Kenntnis über die derzeit erzielte Performance in Bezug zu relevanten Benchmarks eine wichtige Voraussetzung auf dem Weg hin zu einer erfolgreichen Kommunikations- und Markenpolitik. Konkret muss auch geklärt werden, ob die Aktie zurzeit eine Prämie erzielt. Weiterhin muss beantwortet werden, wie sich die Prämie über die Zeit entwickelt und welche Ursachen für die Erzielung einer Prämie ausschlaggebend sind.

73/1

73/2

73/1
Es hat sich viel vorgenommen. Mannesmann AG, Düsseldorf. Anzeige, 7.12.1999. Agentur: KNSK/BBDO, Hamburg.

73/2
Jeder Mann weiß: Wer groß werden will, braucht eine gute Mutter. Vodafone AirTouch, London. Anzeige, 29.12.1999. Agentur: Lowe & Partners, Frankfurt am Main.

74/1

74/1
Achtung! Zusammen mit Vodafone würde es mit dem Wachstum bergab gehen. Mannesmann AG, Düsseldorf. Anzeige, 7.1.2000. Agentur: KNSK/BBDO, Hamburg.

74/2
Vorsicht: Narrenfreiheit. Vodafone AirTouch, London. Anzeige, 11.1.2000. Agentur: Lowe & Partners, Frankfurt am Main.

Was macht Sharebranding eigentlich aus?
Neben dem wichtigsten Faktor, dem fundamentalen Wertmanagement im Unternehmen, geht es vor allen Dingen um den Umgang mit den Investoren und das Management der „weichen Faktoren".

Festlegung der Investorenzielgruppen
Jedes Unternehmen verfügt über ein bestimmtes Investorenprofil, das sich historisch entwickelt hat – nicht immer sind jedoch bestimmte Investorensegmente darin vertreten, die eine starke Übereinstimmung mit den Zielvorstellungen und dem Risk-Return-Profil des Unternehmens aufweisen. Ein bewusstes „Umschichten" der Investorengruppen, z.B. im Falle der Notierung an anderen Börsenplätzen, oder ein Mobilisieren definierter Investorengruppen, z. B. bei Übernahmeschlachten, erfordert eine umfassende Analyse und ein fundiertes Investorenverständnis. Die Vorgänge bei der Fusion von Vodafone und Mannesmann belegen, wie wichtig die gezielte, differenzierte Kommunikation mit den einzelnen Investorengruppen über unterschiedliche Kanäle ist. Erst wenn die Investoreninteressen und „Anforderungen" hinreichend geklärt sind, kann eine abgestufte, differenzierte und Impact-starke Kommunikationsstrategie definiert werden. Dass hierbei das breite Massenpublikum eine zunehmend wichtige Rolle spielt und damit klassische Massenwerbung ebenfalls zunimmt, ist ein nachweisbares Phänomen.

Strategisches Management der subjektiven, weichen Faktoren
Das Ziel hierbei ist es, ein unverwechselbares Profil zu schaffen. Der Ruf des Managements entscheidet dabei ebenso über die Performance einer Aktie wie die Qualität der Kommunikation, die Bekanntheit und die Präsenz der Aktie.

Führung – Qualität und Ruf des Management
Es besteht ein Zusammenhang zwischen den persönlichen Eigenschaften der Manager und der Wertentwicklung der Aktie, und zwar über die effektive Performance hinaus. Am Beispiel Kajo Neukirchen lässt sich exemplarisch zeigen, welchen Einfluss das Management auf die Performance eines Unternehmens haben kann. Im Durchschnitt wuchsen die Aktien der von Neukirchen geführten Unternehmen im Jahr 17 Prozent schneller als der Markt. Auch wenn es – unter wissenschaftlichen Gesichtspunkten – schwer fällt, solche Zusammenhänge auf eine objektive Basis zu stellen, so kann kaum bezweifelt werden, dass Glaubwürdigkeit, Führungsqualität, Sanierungskompetenz und visionäre Kraft einen Vertrauensvorschuss ernten – in Form einer höheren Performance.

Kommunikation
Eine US-Studie zeigt: Schlechte Investor-Relations-Arbeit kann Kaufempfehlungen oder Kaufentscheidungen verhindern. Zwischen 51 und 56 Prozent der Analysten empfehlen eine Aktie nicht, wenn die Investor-Relations-Arbeit starke Mängel aufweist; 48 Prozent der Portfolio-Manager schrecken sogar vor einem Kauf zurück. Sowohl die institutionellen wie auch die privaten Anleger müssen daher zeitnah und umfassend mit Informationen versorgt werden. Das Internet bietet sich in dieser Hinsicht als nahezu ideales Medium an. Über Direktansprachen per E-Mail und/oder spezielle Web-Seiten können zu vergleichsweise geringen Kosten detaillierte Informationen angeboten werden.

Die Unternehmensziele müssen allerdings auch innerhalb des Unternehmens kommuniziert werden. Dazu bedarf es des Aufbaus neuer Kommunikationswege (wie Intranet,

76/1

76/1
Wir sind uns einig!
Mannesmann AG,
Düsseldorf. Vodafone
AirTouch, London. Anzeige, 9.2.2000. Agentur:
Lowe & Partners,
Frankfurt am Main.

Mitarbeiterzeitschriften). Eine ganzheitliche Abstimmung von interner und externer Kommunikation ist dabei genauso erforderlich wie betriebliche Kommunikationsschulungen und eine regelmäßige Kontrolle der Maßnahmen.

Koordinierte Markenführung

Sharebranding ist keine isolierte Maßnahme, sondern verlangt eine Koordination von Brand Management, Corporate Advertising, Financial Advertising, Public Relations und Investor Relations. Es sollte ein Verantwortlicher benannt sein, der u. a. auf diese Abstimmung achtet und sicherstellt, dass die Markenbildung den Kunden und Investoren angepasst ist und mit den Unternehmensleitlinien in Einklang steht. Der Börsengang der Telekom Tochter T-Online zeigt exemplarisch, wie die markenkonsistente Bewerbung eines Börsengangs aussehen kann. Im Hinblick auf die anvisierten Zielgruppen wurde über die fiktive Figur des „Robert T-Online" ein Medium für die persönliche Ansprache geschaffen.

Distribution

Im Rahmen einer umfassenden Sharebranding-Strategie muss auch die Frage nach der Visibility und Verfügbarkeit der Aktien beantwortet werden. So hat beispielsweise die Aufnahme in wichtigeren Börsenindices einen positiven Einfluss auf die Aktienperformance. Auch die Liquidität der Aktie ist entscheidend. Aktien mit einem höheren Börsenumsatz weisen durchschnittlich eine höhere Prämie auf. Neben den Indices stellt auch die Listung an den verschiedenen Börsenplätzen einen nicht zu vernachlässigenden Faktor dar, sowohl für die Liquidität als auch als Imagebringer. Es sollte daher die Bedeutung verschiedener Börsenplätze als Kapitalquelle und Imagebringer untersucht werden. Für die SAP AG war der Gang an die New-Yorker Börse in zweierlei Hinsicht eine zentrale Voraussetzung, um im US-Markt weiter erfolgreich sein zu können. Zum einen verschaffte man sich so Zugang zu neuen Kapitalquellen, und zum anderen erzielte man auf diesem Wege eine wesentlich höhere Aufmerksamkeit. Durch die nun verstärkte Medienberichterstattung und die veröffentlichten Analysen wird auch das Produkt bekannter und die Marktchancen werden größer.

Fazit

Wie auch bei Konsumgütern kommt bei gleichwertigen Alternativen ein Markeneffekt ins Spiel. Die Bekanntheit einer Marke steigert unbewusst die Aufmerksamkeit und bewirkt eine positive Grundstimmung, bei Gebrauchsgütern ebenso wie bei Aktien.

Starke Marken haben klare Botschaften – auch für die Aktienmärkte. Sie beeinflussen sowohl die Kunden als auch die verschiedenen Aktionärsgruppen, Analysten, Mitarbeiter, Meinungsbildner (u.a. Presse) sowie Partnerunternehmen (z.B. Lieferanten). Unternehmen sollten also klare, transparente und „markenkonsistente" Botschaften übermitteln und zielgerichtet mit den einzelnen Investorengruppen kommunizieren. Dabei darf man eines nicht vergessen: Um eine Aktie als Marke zu positionieren, braucht man Zeit, viel Zeit. Mit einer Ad-hoc-Kampagne ist es nicht getan. Oder würden Sie ein Waschmittel kaufen, von dem Sie nur einmal gehört haben?

Deutsche Telekom AG
**Mit hohem Tempo in die Weltspitze
Integrierte Kommunikation**

ISDN, T-DSL und UMTS – Begriffe, die in der Welt der Informationstechnologie und in den Netzen der Deutschen Telekom für hohes Tempo und Top-Qualität stehen. Beides gilt aber auch für den Weg der Telekom von der „alten Bundespost" zu einem führenden Unternehmen der IT- und Telekommunikationsbranche. Einen Grundstein für den Erfolg legte dabei die Unternehmenskommunikation: Der Deutschen Telekom ist es wie kaum einem anderen Unternehmen gelungen, ein einheitliches und positives Bild nach außen zu tragen. Diese Tatsache ist das Ergebnis einer langfristig strategisch ausgerichteten und konsequent umgesetzten „integrierten Kommunikation".

„Wir wollen die Deutsche Telekom als eines der erfolgreichsten Telekommunikationsunternehmen der Welt und als Top-Marke präsentieren. Dazu verknüpfen wir alle internen und externen Kommunikationsmaßnahmen miteinander", erläutert Konzernsprecher Jürgen Kindervater die Marketing-Strategie.

Dazu gehören die klassische Unternehmens- und Produktwerbung ebenso wie Verkaufsförderung und Direktmarketing, PR und Pressearbeit, Messen und Ausstellungen und Events. Und natürlich das Sponsoring. Alle Maßnahmen greifen ineinander, präsentieren sich als komplettes Ganzes. Nicht nur nach außen, sondern auch nach innen: So wird der Teamgeist, der Jan Ullrich und Co. an die Weltspitze des Radsports geführt hat, auch im Konzern heraufbeschworen und überzeugend transportiert. Mehr als nur ein Nebeneffekt ist die Tatsache, dass 170.000 Mitarbeiter des Konzerns wiederum zu Multiplikatoren nach draußen werden.

Andere sind Protagonisten aller erster Güte. Dazu zählen virtuell-schneidige Typen wie Robert T-Online, dazu gehören beliebte „Promis" wie der Schauspieler Manfred Krug, Formel-1-Star Mika Häkkinen, Rad-Olympia-Sieger Jan Ullrich und Sprint-Star Erik Zabel. Mögen deren Rollen und Einsätze in der Werbung auch noch so unterschiedlich sein – schließlich geht es um die unterschiedlichsten Produkte, Dienste – so ist doch das gemeinsame „Trikot" erkennbar, mit dem sie alle auflaufen.

Denn die Hauptrolle in der Unternehmenskommunikation spielt die Corporate Identity. Die Marke Deutsche Telekom, das „T" mit den vier Digits, steht dabei als Symbol für alles an der Spitze eines ganzen Kataloges von Maßnahmen, die nach außen ein stimmiges Erscheinungsbild garantieren und nach innen das Wir-Gefühl schaffen.

Integrierte Kommunikation – als sie vor fünf Jahren zum Credo erhoben wurde, hätte niemand an einen solchen Erfolg in so kurzer Zeit gedacht. Wie kein zweites Unternehmen in Deutschland hat die Deutsche Telekom in den vergangenen Jahren einen fundamentalen Wandel vollziehen müssen. Aus der früheren, bewegungssteifen und riesigen Verwaltungsbehörde mit technisch-funktionaler Ausrichtung ist seit der ersten Postreform im Jahre 1989 ein modernes und marktorientiertes Dienstleistungsunternehmen geworden, das auf allen Zukunftsmärkten der Telekommunikations- und Informationsbranche eine führende Rolle spielt. National und international.

Um dieses Niveau zu erreichen, legte der Konzern ein Tempo vor, das die Wirtschaftswissenschaft bislang nicht kannte. Zehn bis 15 Jahre galten für einen solch gewaltigen Umbruch als Minimum. Zeit, die Konzernchef Ron Sommer weder sich noch dem Unternehmen geben wollte und konnte. Er drückte beim Neuaufbau gewaltig aufs Tempo. Mit der Formulierung von neuen Unternehmenszielen wurden zunächst die Weichen für die Zukunft gestellt und dann Strategien für die

79/1

79/1
1991 startete die Corporate Identity/das Corporate Design der Deutschen Telekom.

gesamte Unternehmenskommunikation definiert.

Niemand in den Reihen des Global Players bestreitet den großen Anteil der Marketingfachleute an der rekordverdächtigen Zeit für den Weg in die Weltspitze. Weil sie früher als andere die ausgetretenen Pfade verließen und stattdessen kommunikatives Neuland betraten. In den stürmischen Monaten und Jahren der Liberalisierung des Telekommunikationsmarktes in Deutschland hatte sich nicht nur die Deutsche Telekom selbst, sondern auch die Unternehmenskommunikation völlig anderen und gänzlich neuen Aufgaben zu stellen. Sie tat dies mit jener Bravour, mit der heute das Team Telekom jeden Spurt für Erik Zabel vorbereitet.

Wie jedes große Match hatten auch die bisher „heißesten" fünf Jahre der Unternehmensgeschichte ihre „Big Points", vorbereitet und begleitet von Werbemaßnahmen. Der erste Börsengang zählt dazu. 1996 – es ging als das Jahr der T-Aktie in die deutsche Wirtschaftsgeschichte ein. Die größte Börseneinführung, die es je gegeben hat, mußte organisatorisch und kommunikativ vorbereitet und umgesetzt werden. Dabei waren die Voraussetzungen für ein solch gigantisches Vorhaben alles andere als günstig. Denn im Deutschland von damals war das Aktiengeschäft für die meisten noch ein Buch mit sieben Siegeln. Lediglich rund fünf Prozent der deutschen Bevölkerung hatten Aktien. Omas Sparstrümpfe unter den Betten mit null Prozent Zinsen waren noch weitaus beliebter.

Welch anderes Bild zeigte sich in den USA: Jenseits des großen Teiches lag die Quote der Aktionäre bereits bei 21 Prozent. Auch unsere Nachbarn fühlten sich im Wertpapiergeschäft bereits wohler: Mit immerhin 17 Prozent waren die Briten bereits dabei.

Die Deutschen gingen lieber auf Nummer Sicher: Sie bevorzugten statt Aktien risikofreie Anlageformen. Wen wundert´s, dass die Prognosen der Marktforscher nicht gerade berauschend waren: Sie sagten vorher, dass maximal 750.000 Interessenten für die T-Aktie zu gewinnen seien. Dem stand ein ehrgeiziges Ziel gegenüber: Schließlich sollten Aktien im Wert von 15 Milliarden Mark platziert werden. „Wir hatten so manch heiße Diskussion, wie wir die Sache anpacken sollten", erinnert sich Jürgen Kindervater, dessen Team damals noch ein schweres Handicap plagte: Eine Rechnungspanne zum Jahresbeginn 1996 hatte kräftig am Image des Unternehmens gekratzt. Der Fehler in der neuen Computersoftware, der einem Teil der Kunden wegen einer falschen Gesprächserfassung unkorrekte Rechnungen ins Haus brachte, erschütterte das Vertrauen vieler. Die Marketing-Fachleute wussten: Der Schaden war groß und auch in den Dimensionen spürbar, die für die Bewertung der T-Aktie wichtig waren.

Die Herausforderung, die der Börsengang darstellte, war vor dem Hintergrund des riesigen Emissionsvolumens enorm. Die T-Aktie sollte als Volksaktie platziert werden, als Markenartikel, den jeder wollte. Schließlich war eine hohe Überzeichnung das zweite große Ziel.

Der Gang der Deutschen Telekom aufs Frankfurter Börsenparkett mußte zu einem nationalen Ereignis werden. Wohlgemerkt – zum nationalen Ereignis, bei nur fünf Prozent deutschen Aktionären!

Da half nur eine perfekte, alles übergreifende Strategie. Diese mündete in einen auf den Tag genau ausgefeilten Mehrstufenplan, mit dem zunächst die T-Aktie bekannt gemacht werden, dann das Image des Unternehmens aufpoliert und eine neue Zielgruppe angesprochen werden sollte. Und, ganz wich-

81/1
Der „Pink Panther" steht für cleveres Telefonieren. „Paulchen" ist die Schlüsselfigur in den Tarifkampagnen der Deutschen Telekom. Er zündet ein „Tariffeuerwerk" nach dem anderen. Ärgert ihn die Konkurrenz mit einem günstigen Angebot, kontert „Paulchen" postwendend mit einem überzeugenden Tarifangebot. Wo der Pink Panther auftaucht, egal ob auf Plakaten, Printanzeigen oder im Fernsehen, stößt er auf höchste Aufmerksamkeit. Sicherlich nicht nur aufgrund seiner hohen Popularität: Paulchens rosafarbenes Fell sticht ins Auge und läßt sich hervorragend mit der Corporate Identity der Telekom vereinbaren. Aktiv Plus Kampagne 2000. Agentur: Citigate SEA, Düsseldorf.

81/1

tig natürlich: Möglichst viele potenzielle Anleger mussten die T-Aktie auch zeichnen: Es schlug die Stunde der Kommunikationsstrategen, die das Vorhaben T-Aktie in vier Phasen gliederten.

Und es schlug die Stunde von Manfred Krug. Der Schauspieler, bekannt als „Liebling Kreuzberg" aus der erfolgreichen Fernsehserie, stieg drei Monate vor dem Börsenstart ins Geschehen ein.

„Wenn die Telekom an die Börse geht, dann geh ich mit. Und Sie?" So animierte Krug Ende August 1996 die deutschen Anleger, in T-Aktien zu investieren. Der Akteur machte in Funk- und Fernsehspots anschaulich, was alles in der Deutschen Telekom steckt. „Na klar", so lautete seine Folgerung, „dass man mit so einem Unternehmen an die Börse gehen sollte. Einem Unternehmen, das innerhalb kürzester Zeit die neuen Bundesländer mit Millionen neuer Telefonanschlüsse versorgt hat." Diese Botschaft vermittelte Krug beispielsweise in einem TV-Spot, der in einer ostdeutschen Kneipe spielt.

Die Vorteile von T-Online zeigte der Fernsehstar am Beispiel mitternächtlicher Bankgeschäfte. Und mit amerikanischem Ketch-up, französischem Baguette und deutscher Knackwurst demonstrierte Manfred Krug amüsant die internationalen Allianzen.

Warum Manfred Krug? „Er ist ein beliebter Schauspieler, der die Menschen in Ost- wie in Westdeutschland vertritt. Zudem ist er ein kritischer und glaubwürdiger Mensch", erklärt Kindervater die Entscheidung. Aus einem Vertrag wurden mehrere. Krug, der ehemalige Tatort-Kommissar, ist für die Telekom im Dauereinsatz. Zunächst ein Einzelkämpfer hat er seit zwei Jahren in seinem Kollegen Charles Brauer willkommene Verstärkung. Beide werben für höchsten und günstigsten Telefonkomfort über T-ISDN XXL, mit dem das

82/1

82/1
Mit der T-Aktie schrieb die Deutsche Telekom Wirtschaftgeschichte. Mit einer mehrfach ausgezeichneten Kampagne machte sie das Papier zur Volksaktie.

83/1

83/2

83/1+2
Pressefotos aus Phase 1 der Börsengangkampagne. Sie machten die T-Aktie bekannt. Bald kannte ganz Deutschland das aus den Händen geformte Zeichen der „T-Aktie".
1996. Agentur: Citigate SEA, Düsseldorf.

Surfen im Internet Spass macht. Gekonnt und eingespielt über jahrelange Zusammenarbeit vor der Kamera werfen sie sich im Zwiegespräch die Bälle zu - mitunter bleibt gar noch Zeit für ein Liedchen Marke Tatort.

Für Krug ist Werbung eine äußerst reizvolle Aufgabe. „Werbung ist vor allem für den Schauspieler hochkünstlerisch. Es gilt, viele Fehler zu vermeiden. Darunter den Hauptfehler, das Publikum überreden zu wollen und dadurch zu belästigen", sagt der Mann, der schon seit vier Jahren für die Telekom dabei ist.

Zurück ins Jahr der T-Aktie. Nach dem offiziellen Startschuss für die ersten Kampagnen lief alles wie am Schnürchen. Erstmals gab es neben den üblichen Informationen für die Finanzmärkte auch umfassende Erläuterungen für den Privatanleger. Ein echter Coup gelang mit der Einrichtung des Aktien-Informationsforum (AIF). Das AIF lieferte potenziellen Anlegern jede gewünschte Information, baute Vorurteile ab. Entgegen aller Prognosen ließen sich rund 3,1 Millionen Interessenten beim AIF registrieren. Ein beispielloser Erfolg, der insbesondere auf die Spots mit Manfred Krug zurückzuführen ist. Darüber hinaus hatte der komplette Mediamix aus Print, TV, Funk und Plakaten den Millionen Lesern, Hörern und Zuschauern „geschmeckt". Auch das Direktmarketing, die Events und Roadshows sowie die klassische Pressearbeit zeigten Wirkung.

Und wie: In den Call-Centern liefen die Drähte heiß. In den Spitzenzeiten wurden bis zu 80.000 Anrufer pro Stunde registriert. Die Nachfrage nach den Aktien explodierte förmlich. Der Finanzminister und die Unternehmensführung reagierten. Statt der zunächst geplanten 15 Milliarden Mark wurde die Tranche auf 20 Milliarden erhöht. Die T-Aktie war schließlich fünffach überzeichnet. Ganz Deutschland war „heiß" auf die T-Aktie: Insgesamt wurde eine Nachfrage im Wert von 100 Milliarden Mark ausgelöst.

Höchst spannend waren natürlich die letzten Tage vor dem Gang aufs Parkett: Wie hoch wird der Ausgabekurs sein? So lautete die meist gestellte Frage.

Mit 28,50 DM lag dieser schließlich auf einem marktgerechten Niveau, wie der Kursverlauf der nächsten Zeit bewies. Dabei lag er deutlich über dem Wert, den die großen und maßgeblichen institutionellen Anleger im Vorfeld akzeptieren wollten. 25 Mark, das war für sie die Schmerzgrenze.

Die T-Aktie puschte die Börse zu einem Umsatzrekord. Und wenn es noch eines Beweises bedurft hätte, dass auch das Unternehmen „Volksaktie" gelungen war, so hätte Konzernchef Ron Sommer nur eine traumhafte Zahl hochhalten müssen: Rund zwei Millionen Privatanleger hatten die T-Aktie gekauft. Viele von ihnen hatten erstmals in Aktien investiert. Die Telekom hat mehr Privatanleger zu Aktionären gemacht als irgendein anderes Unternehmen in Deutschland. Insgesamt gingen 713,7 Millionen T-Aktien in einem Gesamtvolumen von gut 20 Milliarden Mark in vielen Ländern in private Hände.

Die Aktie marschierte weltweit. Ihr Erfolg an den Börsen in Frankfurt, New York und Tokio führte dazu, dass das amerikanische Brokerhaus Morgan Stanley das Papier schon nach zwei Wochen in ihre international führenden Aktienindices aufnahm. Angesichts der vielen Aktionäre wurde aus dem als Marketinginstrument gedachten AIF ein Service auf Dauer: Den Teilnehmern von einst und vielen „Neuzugängen" bietet das Unternehmen heute mit dem „Forum T-Aktie" regelmäßig Informationen über die Telekom an.

Und Manfred Krug? Auch „Liebling Kreuzberg" feierte den gelungenen Auftakt. Zwischenzeitlich legte er jedoch längst börsen-

85/1

85/2

85/3

85/1+3
Die Erfolge des Team Telekom machten die Deutsche Telekom noch bekannter. Wenn Jan Ullrich Gold holt und Erik Zabel im Grünen Trikot der Tour de France fährt, dann gewinnt auch die Deutsche Telekom. Was die wenigsten wissen: Das Unternehmen fördert des Team-Gedankens wegen ausschließlich Mannschaften. Diese allerdings schon im Jugendbereich. Verständlich also, dass Erik Zabel im TV-Spot gerne einkaufen geht...

85/2
Die Weihnachtskampagne 2000. Agentur: Springer & Jacoby, Hamburg.

86/1

86/2

86/1
Zunächst ein Einzelkämpfer hat Manfred Krug seit zwei Jahren in seinem Kollegen Charles Brauer willkommene Verstärkung.
Emission 2000. Agentur: Citigate SEA, Düsseldorf.

86/2
„Wenn die Telekom an die Börse geht, dann geh ich mit. Und Sie?" So animierte Krug Ende August 1996 die deutschen Anleger, in T-Aktien zu investieren. Der Akteur machte in Funk- und Fernsehspots anschaulich, was alles in der Deutschen Telekom steckt. „Na klar", so lautete seine Folgerung, „dass man mit so einem Unternehmen an die Börse gehen sollte. Einem Unternehmen, das innerhalb kürzester Zeit die neuen Bundesländer mit Millionen neuer Telefonanschlüsse versorgt hat." Diese Botschaft vermittelte Krug beispielsweise in einem TV-Spot, der in einer ostdeutschen Kneipe spielt.
T-ISDN-Kampagne 1999. Agentur: Citigate SEA, Düsseldorf.

mäßig nach. Auch am 28. Juni 1999, als die Deutsche Telekom zum zweiten Male aufs Parkett ging, war er dabei und wie Millionen anderer Menschen Zeuge eines erneuten Traumstarts. Wieder stellte die Telekom einen Rekord auf. Deutlich mehr als 21 Milliarden Mark spülte der Börsengang in die Kasse des Unternehmens. Nie brachte eine Folge-Emmission mehr. Bundesfinanzminister Hans Eichel lobte die T-Aktie in höchsten Tönen: „Es gibt keinen größeren Vertrauensbeweis für ein Unternehmen als die Akzeptanz durch nationale und internationale, private und institutionelle Aktionäre", sagte er im Blitzlichtgewitter der Journalisten.

Telekom-Vorstandsvorsitzender Ron Sommer stellte vor der internationalen Presse in Frankfurt zufrieden fest, „dass der heutige Tag einen ganz wichtigen Punkt in der Unternehmensgeschichte der Deutschen Telekom markiert".

Wieder eine Punktlandung der Unternehmenskommunikation, die erneut über Monate hinweg auf den entscheidenden Moment hin gearbeitet hatte: Fast zehn Stunden tauchten Manfred Krug und Charles Brauer insgesamt bei Spots auf den Bildschirmen auf. 161 Minuten waren bei den Radiosendern für die beiden geordert worden. In den Tageszeitungen und Magazinen erschienen insgesamt mehr als 270 Anzeigen zur T-Aktie. Mehr als 1,7 Millionen Privatanleger ließen sich von der Stärke des Papieres und des Unternehmens Deutsche Telekom überzeugen.

Doch Ausruhen galt nicht. Der Mobilfunk und das Online-Geschäft rückten immer stärker in den Blickpunkt und bestimmten den Wettbwerb. Entsprechend groß war der Einsatz des Konzerns mit anderen Testimonials als Protagonisten. Manfred Krug bekam im Konzern wahrhaft weltmeisterliche Partner: Mika Häkkinen stieg sozusagen für die Telekom-Tochter T-D1 ins Cockpit. Eine perfekte Liaison. Der Formel-1-Pilot steht für Erfolg, Dynamik, High-Tech und vor allem für High-Speed.

Erfolg und Zuverlässigkeit bei höchstem Tempo – um nichts anderes geht es mittlerweile auch beim Handy. Das Internet schreit geradezu nach mobilen Lösungen – wie WAP. Mika zeigt sie in den Kampagnen: Bevor er zu seinem Mechaniker in den Wagen steigt und Richtung Rennstrecke rollt, ruft er schnell noch die Aktienkurse ab. „T-D1 macht verdammt viel möglich" – der so charmant dahin gelispelte Spruch des sympathischen Finnen hat beste Chancen, zum geflügelten Wort zu werden. Egal wo Mika mobil kommuniziert, er spricht an. In der Sauna oder auf dem Mond, immer telefoniert er preiswert wie kein anderer. Sein stiller Humor lässt Millionen schmunzeln – allenfalls der jungen Dame, der er statt der eigenen die Rufnummer des Mechanikers gegeben hat, dürfte beim ersten Anruf das Lachen vergangen sein.

Auch am Beispiel der Telekom-Mobilfunktochter T-D1 lassen sich die direkten Wirkungen der perfekt aufeinander abgestimmten Werbestrategie festmachen. Mit mehr als 18 Millionen Kunden zählt T-Mobil heute zu den größten Anbietern weltweit. Zu Beginn des letzten Jahres waren es noch 9,1 Millionen Handynutzer. T-Mobil gibt kräftig Gas. Wie Häkkinen eben.

Mit ähnlich hohen Kundenzuwächsen kann T-Online aufwarten. Kräftig angestoßen wurde das Geschäft des größten Online-Anbieters in Europa durch eine Figur, die es bis zum Börsengang im April 2000 so nirgends gab.

Mit Robert-T Online trat der erste virtuelle Presenter eines Börsenganges auf den Plan. Wer könnte besser die Vorzüge des „www" vorstellen als ein Bewohner des Cyberspace selbst? Aus dieser Überlegung heraus wurde Robert geboren. Eine Kunstfigur, ein Kind des Computers. Ein smarter blonder junger Mann, der viel Lebensfreude und Dynamik ausstrahlt und der über jenes Insider-Wissen verfügt, das beim Geschäft mit und über das Internet höchst hilfreich sein kann. Robert T-Online lobt die Möglichkeiten des Surfens daheim, vor allem aber zeigt er die unglaublichen Chancen des E-Commerce auf, an denen jeder teilhaben kann, der bei T-Online einsteigt.

Auch Roberts Botschaften finden ihren Adressaten. T-Online hatte im April 2000 einen glanzvollen ersten Auftritt auf dem Frankfurter Börsenparkett. Die Nachfrage lag insgesamt bei 2,1 Milliarden Aktien und damit weit über den 106 Millionen Aktien, die auf dem Markt angeboten werden konnten.

Robert T-Online schlüpfte nach getaner Arbeit als Aktien-Insider schnell in eine neue Rolle. Er macht im Auftrag der Deutschen Telekom jetzt Dampf auf der Datenautobahn und zeigt allen, wie es mit Hyperspeed durchs Netz geht. Das Geheimnis lautet T-DSL. Die Telekom-Technik, die dem Surfer beim Laden der Seiten mit bis zu sechs Megabit pro Sekunde helfen. In umgekehrter Richtung fließen die Ströme immerhin noch mit 576 Kilobit pro Sekunde. Damit ist T-DSL ideal für all jene Nutzer, die viele Daten empfangen wollen, selber jedoch weniger verschicken. Robert T-Online weiß das natürlich. „Wie, Sie surfen noch nicht mit Hyperspeed im Internet?" fragt er den User und liefert den Rat gleich mit: „Dann wird es aber Zeit für T-DSL."

Die Tochter-Gesellschaft T-Online hat sich die Dienste von Harald Schmidt gesichert. „Des ischt escht klasse" schwäbelt er in Funk und Fernsehen daher. Ein „echter" Schwabe, der auf die neuen Telekom-Angebote

89/1
Mit Robert-T Online trat der erste virtuelle Presenter eines Börsenganges auf den Plan. Wer könnte besser die Vorzüge des „www" vorstellen als ein Bewohner des Cyberspace selbst? T-DSL-Kampagne 2000. Agentur: Citigate SEA, Düsseldorf.

90/1

90/2

90/1
Die Tochter-Gesellschaft T-Online hat sich die Dienste von Harald Schmidt gesichert.
T-Online-Kampagne 2000. Agentur: Scholz & Friends, Hamburg.

90/2
Mika Häkkinen stieg sozusagen für die Telekom-Tochter T-D1 ins Cockpit. Eine perfekte Liaison. Der Formel-1-Pilot steht für Erfolg, Dynamik, High-Tech und vor allem für High-Speed.
T-D1-Kampagne 2000. Agentur: Citigate SEA, Düsseldorf.

schwört, wenn er im Internet einkaufen geht oder seine E-Mails verschickt.

Auch die T-Online-Kommunikationsstrategie beruht auf dem erfolgsbringenden Mehrstufenplan: Zunächst ging es darum, eine breite Zielgruppe für das Thema Internet zu sensibilisieren und Hemmungen und Ängste gegenüber dem Medium abzubauen. In einer zweiten Phase steht der Produktnutzen im Vordergrund. Über allem stehen zwei Botschaften: „Internet ist einfach für jedermann – T-Online macht´s möglich", so lautet die erste. Die zweite macht klar: „Deutschland geht T-Online. Gehen Sie mit".

Und Deutschland geht mit. So konnte T-Online mit inzwischen über sieben Millionen Kunden in Europa seine Marktführerschaft noch weiter ausbauen und sein Image in Bezug auf die Leistungs- und Sympathiewerte auf hohem Niveau noch weiter steigern: Die Bekanntheit der Werbebotschaft „Deutschland geht T-Online" erreichte innerhalb von nur zwölf Monaten 59 Prozent.

Eine Wachstumsrate Marke „Paulchen". Seit zwei Jahren wirbelt der „Pink Panther" über die Fernsehbildschirme, verkündet mit spitzen Sprüchen im Radio seine Botschaften und zündet tagtäglich in großformatigen Anzeigen der Deutschen Telekom in allen großen Magazinen und Tageszeitungen ein neues Tariffeuerwerk. Dafür fährt er rasant Ski, viel eleganter noch als Österreichs Ski-Ass Hermann Meier. Er erklimmt die höchsten Gipfel und lässt als Fakir Schlangen tanzen.

Der rosarote lustige Kerl ist die ideale Besetzung der ihm zugedachten Rolle: Kaum eine andere Figur ist in Sachen Werbung so vielseitig verwendbar wie „Paulchen". Er macht sich ebenso gut in Anzeigen wie in TV-Spots. Er gibt auf Plakaten eine gute Figur ab und findet als kleine Knetfigur viele Freunde.

Kaum ein anderer Werbeträger ist so bekannt. National und international. Lange bevor „Paulchen" in die Dienste der Deutschen Telekom trat, kannte ihn die Nation schon aus vielen Filmen und Fernsehsendungen. Auch wegen der eingängigen Töne, die das musikalische Titelthema von Henri Mancini zum Ohrwurm machten. Umso bemerkenswerter ist: Wer heute „Paulchen" sieht und hört, der denkt an günstige Tarife, ans Telefonieren jederzeit und überall hin. Er denkt an die Deutsche Telekom.

Paulchens Wiedererkennungseffekt ist enorm. Wie seine werbliche Überzeugungskraft für die Tarife der Telekom. Locker hat er die zu Beginn der erfolgreichen Kampagne formulierten qualitativen Ziele erreicht, ja übertroffen: Die Deutsche Telekom hat mit seinem Charme bereits mehr als drei Millionen Kunden für den Wunschtarif AktivPlus gewinnen können. Pro Monat kommen 200.000 neue Nutzer hinzu.

Die Telekom ist überzeugt davon, dass Paulchen auch weiterhin erfolgreich sein wird. Und falls nicht? Auf diese Frage hat Kindervater eine schnelle Antwort. „Wir haben mit vielen erfolgreichen Image- und Produktkampagnen bewiesen, dass wir äußerst kreativ sind. Wir sind mit unserem Latein noch lange nicht am Ende", sagt er. Werbung bleibe eine spannende Sache…

Deutsche Post AG/Zentrale Konzernkommunikation
Werbung Deutsche Post World Net
Börsengang Deutsche Post

„...legt kräftig zu". „... gewinnt an Fahrt". „...klettert weiter". „Deutsche Post mit schärferem Tempo". So oder so ähnlich klangen die Schlagzeilen der Zeitungen in den Tagen nach dem Börsenstart der Deutschen Post. Auch der „Eigentümer", Bundesfinanzminister Hans Eichel war zufrieden und lobte: „Der Start der AKTIE GELB ist gelungen". Der Verkauf von fast 29 Prozent der Staatsanteile an der Post, die jetzt im Börsenhandel sind, hat dem Bund knapp 13,14 Milliarden Mark Einnahmen gebracht.

Zum Börsenstart (englisch: Initial Public Offering, IPO) wurden 2,2 Milliarden Aktien umgesetzt, und die Emission war rund 8-fach überzeichnet.

Sowohl bei den privaten Anlegern wie auch bei den institutionellen Investoren im In- und Ausland war das Interesse an den Aktien der Deutschen Post stark. Privatanleger zeichneten rund 450 Millionen Aktien. Von institutionellen Anlegern, zum Beispiel Banken, Versicherungen, Rentenfonds, gingen Orders über rund 1,75 Milliarden Aktien ein. Der Börsengang der Deutschen Post wurde damit die größte Börseneinführung in Deutschland im Jahr 2000, und sie zählt schon jetzt zu den größten Börsengängen am deutschen Kapitalmarkt überhaupt. Auch in den Wochen nach dem Börsenstart erwies sich das Deutsche-Post-Papier als stabiler Wert in einer Atmosphäre, die von „freiem Fall" und dramatischen Imageverlusten am Neuen Markt und von teilweise heftigen Schwankungen bei den klassischen Werten gekennzeichnet war. „Der massive Werbefeldzug der Deutschen Post", resümierte das österreichische 'Wirtschaftsblatt', „hat sich ausgezahlt."

Die Werbung erzählt in fünf Etappen die Equity Story des Unternehmens Deutsche Post World Net

Ohne Werbung wäre die erfolgreiche Börseneinführung wahrscheinlich nicht möglich gewesen. Im Wettbewerb der Kapitalanleger und -anlagen, in dem börsentäglich Unternehmensanteile (Aktien) im Wert von Billionen Euros und Dollars weltweit den Besitzer wechseln, muss ein Neuling um Aufmerksamkeit ringen – selbst dann, wenn er sich bereits als bedeutender Logistikkonzern einen Namen gemacht hat.

Wie in einem Brennglas konzentriert können wir anhand der (erfolgreichen) Einführung einer Volksaktie nachvollziehen, wie Unternehmenswerbung und -kommunikation in unserer komplizierten Wissensgesellschaft funktionieren. Der Zeitraum zwischen Entscheidung und Tat ist absehbar, das Ziel ist klar umrissen, über Erfolg oder Misserfolg geben einfache Zahlen Auskunft.

Planmäßig zwischen August 2000 und November 2000 entfaltete der Konzern Deutsche Post World Net besonders in Deutschland, aber auch auf internationalen Medienmärkten, einen nie gekannten Werbedruck, um vor allem die folgenden Ziele kommunikativ zu verfolgen:

- Investorrelevante Botschaften (die „Equity Story") sollten kommuniziert und Kaufanreize für die Unternehmensaktie geschaffen werden.
- Zielgruppen waren ins Visier zu nehmen - Privatanleger, Meinungsbildner, institutionelle Investoren einerseits, Kunden und Mitarbeiter andererseits.
- Über den Konzern sollte Kunden und Mitarbeitern ein präzises Vorstellungsbild vermittelt werden.

Rund 100 Millionen Mark investierte die Deutsche Post in die Werbung für den Börsengang, eine Investition, die sich bezahlt machte. Die Botschaften der Kampagne, deckungsgleich mit der Equity Story des Unternehmens, waren überzeugend und zeigten beim Publikum Wirkung.

Wie in der klassischen Markenartikelwerbung wurden die wichtigsten werblichen Register gezogen, um in den nächsten vier Monaten für Aufmerksamkeit und Entscheidungshilfe bei den potentiellen Anlegern zu sorgen. Mittels Informationen und Emotionen galt es, die künftigen Aktionäre zu gewinnen.

Auch in den „börsenrelevanten" europäischen Ländern Großbritannien, Italien, Niederlande, Österreich, Schweiz und Spanien wurden teilweise Spots, Anzeigen und Broschüren eingesetzt, um in einer ersten Phase (Pre-Offer) das Unternehmensprofil des Deutschen Post World Net aufzubauen und seine „Equity Story" glaubhaft zu erzählen. In der Offer-Phase ging es ab Mitte Oktober darum, mit weiteren Detailinformationen Anreize zum Aktienkauf zu schaffen (v. a. Preisspanne, Frühzeichnervorteile).

Kernbotschaften in allen nationalen und internationalen Kommunikationskanälen:
1. Der Konzern Deutsche Post World Net ist ein internationales Netzwerk mit hervorragender Position in globalen Märkten.
2. Als Marktführer ist der Konzern die treibende Kraft im Mega-Markt Logistik.
3. Deutsche Post World Net ist mit High Technology in den Zukunftsmärkten E-Business und E-Commerce engagiert.
4. Deutsche Post World Net integriert Informations-, Waren- und Geldströme; bietet seinen Kunden damit ein „one-stop-shopping" aus einer Hand und einem Guss.

Der Countdown zum IPO, die Börsenkampagne, begann am 21. August 2000 nach einer intensiven Vorbereitungsphase.

Dabei wurde das letzte Vierteljahr in fünf Kommunikationsstufen unterteilt:
• die dreistufige Pre-Offer-Phase (21.8.-29.10.2000) und
• die zweistufig gegliederte Offer-Phase (30.10.-16.11.2000).

Prinzipiell herrschen die Gesetze öffentlicher Markenkommunikation auch in Vorbereitung eines Börsengangs, sie reichen von der Aufmerksamkeit über Akzeptanz, Interesse und Überzeugung zu Kundenkontakt und Kaufakt.

Die einprägsamste Formel ist die englischsprachige AIDA – Attention, Interest, Desire, Action. Obwohl dieses Stufenmodell der Werbung vor über 100 Jahren formuliert wurde, hat es an Aktualität und Brauchbarkeit nichts eingebüßt. Auch die Kommunikationsarbeit vor, während und unmittelbar nach dem IPO der Deutschen Post folgte letztlich dieser AIDA-Formel.

Die Ausrichtung der Kampagne

Aktien-Kommunikation ist Unternehmenskommunikation. Die Anleger erwerben einen Teil des Unternehmens. Ausschlaggebend für ihre Entscheidung sind zwei Wirkungsbereiche mit höchster Bedeutung für die Kommunikation: Information (überwiegend getragen von den Print-Werbeformen Anzeigen und Plakat, Supplements, Mailings, Broschüren) und Emotion (über TV und Funk).

Nach reiflicher Überlegung und ausgedehnten Martkforschungsanalysen stand für die Kommunikationsprofis der Deutschen Post fest: Die emotionale Ansprache sollte über eine Prominentenlinie erfolgen, bei der

Pre-Offer I	Pre-Offer II	Pre-Offer III	Offer I	Offer II
21.8.–24.9.2000	25.9.–15.10.2000	16.10.–29.10.2000	30.10.–10.11.2000	11.11.–16.11.2000
Inhalt, Botschaft:	Inhalt, Botschaft:	Inhalt, Botschaft:	Inhalt, Botschaft:	Inhalt, Botschaft:
a) Zukunftsmarkt Logistik b) Positionierung Deutsche Post World Net in diesem Markt c) Die AKTIE GELB kommt demnächst d) Info-Line Gelber Draht. www-Adresse	a) Equity-Story-Punkte: Deutsche Post World Net als attraktives Investment b) je Motiv Vertiefung einzelner Equity-Punkte c) Hinweis auf Börsengang/Die AKTIE GELB kommt d) Info-Line Gelber Draht. www-Adresse	a) wie Pre-Offer II, ergänzt um folgende Botschaften: b) Zeichnungsfrist ab 30.10. c) Wer bis zum 10.11. zeichnet, erhält Frühzeichnervorteile d) Info-Line Gelber Draht. www-Adresse	a) Call to action: Jetzt zur Bank und zeichnen! b) Preisspanne 18 bis 23 Euro c) Wer bis zum 10.11. zeichnet, erhält Frühzeichnervorteile d) Zusammenfassung der Gründe für den Aktienkauf (Equity-Story-Punkte) e) Info-Line Gelber Draht. www-Adresse	a) Countdown: „Zeichnung noch bis 16.11. möglich" b) Preisspanne 18 bis 23 Euro c) Zusammenfassung der Gründe für den Aktienkauf (Equity-Story-Punkte) d) Info-Line Gelber Draht. www-Adresse

94/1

94/1
Die Börsenkampagne der Deutschen Post. 5 Phasen bis zum Börsenstart.

94/2
Sie wurden als Sympathieträger ausgewählt: Der Moderator Thomas Gottschalk und sein Bruder Christoph. Kampagne 2000. Agentur: Jung von Matt, Berlin.

94/2

die Botschaften über bekannte Sympathieträger transportiert werden. Der oder die Prominenten sollten gleichermaßen das Gefühl von Sicherheit, Vertrauen und Stabilität sowie die richtungsweisende Dynamik und Modernität der Deutschen Post verkörpern. Modernität, Internationalität sowie die hohen Sympathie- und Bekanntheitswerte sprachen für Thomas Gottschalk – ein über die Generationen hinweg populärer Moderator – ideale Voraussetzungen für einen Botschafter, der obendrein über die Grenzen Deutschlands hinweg bekannt ist. An seiner Seite fehlte jedoch ein ausgewiesener, seriöser Finanzexperte. Eine Tandem-Lösung, eine harmonische, verlässliche Erfolgsgemeinschaft war gefragt. Der Name des seriösen, von Thomas als Berater geschätzten und akzeptierten Bruders Christoph, Manager, Finanzexperte und Jurist, kam in die Diskussion: die Gottschalk-Brüder – ein Idealfall.

Die glaubwürdige Vernetzung von Emotion und Information, von Sympathie und Seriosität, verkörperten die Gottschalks in zahlreichen Fernsehspots. Aber auch in Zeitungen, Zeitschriften und auf Plakaten warben die Brüder für die Aktie der Deutschen Post. Die Stärken der beiden Gottschalks passten perfekt zum Börsengang. In einem Strategiepapier hielten Werber und Postmanager als positive Merkposten fest: „Überraschend; ideale Ergänzung, Ausgleich der fehlenden Finanzkompetenz von Thomas Gottschalk; persönliche, pointensichere Dialoge. Hohe Glaubwürdigkeit durch Spannungsverhältnis der unterschiedlichen Charaktere und Profile; zusätzlich hohe Medienresonanz, PR-Effekte. Langfristige Einsatzmöglichkeit als Imageträger nach der IPO-Phase".

In amüsanten aber auch informativen Dialogen und Rollenspielen brachten die beiden die Botschaft des Börsengangs unters Volk, überzeugend und glaubwürdig, wie Marktforschungsergebnisse den Werbern und Postmanagern Woche für Woche bestätigten. Thomas Gottschalk spielte darin, wie im richtigen Leben, den Sorglosen, an Geldfragen nur beiläufig Interessierten. Bruder Christoph, auch im richtigen Leben ein Medienmanager, gab den informierten und aufgeklärten Zeitgenossen. Neben Thomas Gottschalk, den jeder kennt und (fast) jeder mag, sorgte sein Bruder für überraschend hohe Aufmerksamkeits- und Sympathiewerte – die Brüder erwiesen sich bald als die wichtigsten Botschafter des Börsengangs. Und als Lehrmeister der Nation: „Binnen weniger Wochen scheinbar mit links gelungen," wunderte sich ein Fachblatt der Transportbranche, „ganz Deutschland kennt den Begriff Logistik".

Printkampagne

Die erste Anzeigenserie zur „P-Aktie" stand bereits und war fest platziert, die Kampagne war auf den Namen ausgerichtet – da fordert die Telekom im August 2000 plötzlich den von ihr geschützten Namen ein. Die Kampagne wurde schließlich auf die *AKTIE GELB* ausgerichtet und erhielt die entscheidende Marken-Identifikation.

Die Diskussion um den Namen wurde kurzfristig in einer Anzeige mit Christoph Gottschalk umgesetzt. Der Bruder des bekannten Entertainers konnte so mit der ironischen Anzeigenaussage zugleich als Sympathieträger wie als Experte eingeführt werden.

Durch die hohe Aufmerksamkeit für diese Anzeige gelang es, die neue Bezeichnung zu lancieren. Die positiven Public-Relations-Effekte, die von der Namensdebatte erzeugt wurden, so eine Bewertung der Fachzeitschrift werben & verkaufen, „sind mit etwa

20 Millionen Mark zu definieren". Damit lagen sie weit höher als die Kosten für die Umstellung. Quintessenz: Im Ergebnis hat die Aktie der Deutschen Post von der Umbenennung in jeder Hinsicht profitiert.

Dafür sorgten aber auch eher sachlich gehaltene Werbeanzeigen, durchgängig in Gelb und Schwarz gestaltet, welche die Deutsche Post und ihre weltweiten Beteiligungen – argumentativ und überraschend zugleich – in Beziehung zu neuen Märkten und zum Leistungsspektrum des Unternehmens brachten. In verschiedenen Varianten wurden Schlüsselbegriffe („Keywords") wie „Logistik", „Globalisierung" und „Zukunftsbranche" in dieser ersten Stufe der Pre-Offer-Phase aufgegriffen, formelhaft verkürzt und mit einem kurzen Informationstext verbunden, der über das Leistungsspektrum von Deutsche Post World Net informiert.

„Boom", hieß es zum Beispiel, „Kurzfassung dafür, welche Folgen die Globalisierung für den Bereich Logistik hat". Oder: „Klickklick. Hauptursache für den Logistik-Boom."

Sieben neue Anzeigen-Motive schaltete die Deutsche Post in den drei Wochen vor der Offer-Phase. Vier von ihnen führten in ihrer Gestaltung das klassische Format der bisherigen Kampagne fort und fassten mit der inhaltlichen Hervorhebung des internationalen Engagements sowie der Verknüpfung von Old und New Economy die zentralen Equity Story Punkte noch einmal zusammen.

Mit „www.easytrade.de" wies der Konzern zusätzlich auf seine Geschäftsfelder im Bereich der Finanzdienstleistungen (Postbank) hin. In drei weiteren Anzeigen erschienen erstmals auch die beiden Gottschalk-Brüder.

Offensiv startete die Deutsche Post mit ihren beiden ersten Print-Anzeigen nach Beginn der Zeichnungsfrist in die Offer-Phase: „Zeichnen" und „AKTIE GELB" sind in ihrer Aussage direkt und tragen konsequent die Stilmerkmale der vorherigen Anzeigen weiter.

Zentrales Kommunikationsziel war der Hinweis auf die Frühzeichner-Vorteile. Die Deutsche Post schaltete ihre Motive während der gesamten Kampagne in allen auflagenstarken Tageszeitungen, Zeitschriften und Special-Interest-Titeln. Gut 197 Millionen Kontakte (Reichweite: 87 Prozent) erzielte die Anzeigenkampagne in den Publikumszeitschriften (AWA). Weitere 210 Millionen Kontakte (Reichweite: 86 Prozent) wurden über die Anzeigenschaltung in Tageszeitungen erzielt.

Flächendeckend wurde auch das Medium Plakat eingesetzt. Angelehnt an den Gestaltungsrahmen der Print-Anzeigen war die Plakat-Kampagne durch die Einbindung der Gottschalk-Brüder personalisiert und auf die emotionale Schiene gestellt. Motive wie „Aufgepost" oder „Postblitz" arbeiteten mit einem humorigen Augenzwinkern, selbstbewusst mit dem Konzernnamen.

TV-Kampagne

Als Basismedium mit hohem Werbedruck war die TV-Werbung ein wichtiger Eckpfeiler der Börsenkampagne. Von Ende August 2000 an liefen die ersten TV-Spots mit den beiden Gottschalk-Brüdern über Deutschlands Bildschirme. Sie unterhielten sich unter anderem über den Zukunftsmarkt Logistik und über die Fakten des Going Public der Deutschen Post. Aus dem Stand erzielten die Spots einen Bekanntheitsgrad von mehr als 70 Prozent (ermittelt von icon brand navigation AG).

Bereits die drei TV-Spots der ersten Pre-Offer-Stufe, in denen das Gottschalk-Tandem mit pointensicheren Dialogen überzeugte, erzielten nicht nur die gewünschte Aufmerksamkeit bei potenziellen Investoren, sondern

97/1
Aus der P-Aktie wurde die *AKTIE GELB*. Rückblickend war die Umbenennung ein großer Erfolg. Kampagne 2000. Agentur: Pütz, Köln.

97/2
Schlagwortkampagne. Agentur: Jung von Matt, Berlin.

sorgten zugleich durch eine hohe Medienresonanz für zusätzliche PR-Effekte. Die Brüder erwiesen sich als ideale Ergänzung von Bekanntheit und (Finanz-)Kompetenz. Die unterschiedlichen Profile der beiden ermöglichten überraschende Situationen und Dialoge und sorgten außerdem für eine hohe Glaubwürdigkeit. In der zweiten Pre-Offer-Stufe wurden mit „Gute Nacht" und „Domino" zwei neue Spots nachgeschoben, die auf dem gleichen Funktionsprinzip wie die ersten drei Spots basierten.

Der hohe Werbedruck zeigte Wirkung und sorgte für außerordentliche Aufmerksamkeit in der breiten Öffentlichkeit.

In der TV-Werbung begann die Offer-Phase mit neuen TV-Spots, die zwischen dem 30. Oktober und dem 9. November 2000 gesendet wurden. Sie thematisierten die Zeichnungsfrist für die *AKTE GELB*.

Markant ist das Spiel mit den Charakteren des Gottschalk-Tandems. Nicht Thomas, der berühmte Medienstar, sondern Christoph, der Finanzexperte, wird auf der Straße angesprochen, weil er aus dem Fernsehen bekannt ist.

In der Woche nach dem IPO, vom 20. November bis zum 26. November 2000, lief der letzte Fernseh-Spot der Börsenkampagne mit den Gottschalk Brüdern. Die Brüder und der Konzern Deutsche Post World Net bedankten sich bei den Aktionärinnen und Aktionären für das überwältigende Vertrauen, das dem Konzern und der *AKTIE GELB* zum Börsenstart entgegengebracht wurde. Mit den TV-Spots konnten insgesamt 740 Millionen Kontakte generiert werden (Reichweite 93%).

Specials

Neben den Anzeigen, Plakaten und TV-Spots stützten insgesamt neun Funk-Spots mit den

98/1

98/2

99/1

99/2

98/1 + 2
Kampagne 2000.
Agentur: Jung von Matt, Berlin.

99/1 + 2
Die Gottschalks auf dem Plakat: Mit Wortwitz den Aktienkauf angekurbelt.
Kampagne 2000.
Agentur: Jung von Matt, Berlin.

Gottschalk-Brüdern sowie die Einbindung einer Reihe von teilweise äußerst ungewöhnlichen Werbeträger die Börsenkampagne der Deutschen Post.

In der heißen Phase der Kommunikation zum Börsengang band die Deutsche Post flächendeckend ihr Equipment ein. So wurden rund 60 Prozent der Fahrzeugflotte mit speziellen Aufklebern versehen und als „rollende Medien" in die Börsenkampagne einbezogen.

Auch an rund 90.000 Briefkästen erklärten markante Aufkleber „Wer in die Deutsche Post was reinsteckt, kann auch was rauskriegen".

Die gezielte Ansprache und Information insbesondere der Kleinanleger erfolgte außerdem durch die Integration des Filialnetzes sowie den Versand von direkt adressierten Mailings. In zwei Wellen, im Juni und Oktober 2000, wurden insgesamt 50 Millionen Direct-Mailings an Haushalte in Deutschland versandt.

Die außergewöhnliche Response, die mit diesem Werbemittel erzielt wurde, belegt nicht nur die hohe Qualität der Kommunikationsmaßnahmen zum Börsengang, sondern eindeutig auch den besonderen Stellenwert, den Direct-Mailings nach wie vor im Medienmix einer gezielten Kundenansprache einnehmen.

In den Filialen der Deutschen Post unterstützten zahlreiche Plakate und Werbemittel wie Aufsteller, Stellwände und Leuchtdisplays die Kommunikationsziele der Börsenkampagne. Zusätzlich war in ganz Deutschland eine Roadshow mit speziellen Info-Teams eingesetzt. Vor der lebensgroßen Figur eines gelben Bullen, dem markanten Symbol für steigende Aktienkurse, richteten sie in den großen Filialen Informationsstände ein, an denen Kundinnen und Kunden der Deutschen Post als potenzielle Aktionäre alle erwünschten Auskünfte zum Börsengang erhalten konnten.

Einen besonderen Stellenwert innerhalb der Börsenkampagne nahmen Kommunikationsmaßnahmen außerhalb der klassischen Werbemedien ein.

In einer Medienkooperation mit dem Fernsehsender SAT.1 realisierte die Deutsche Post eine vollkommen neue Präsentationsform zu hervorgehobener Sendezeit: die eigens konzipierte Infoshow „Die *AKTIE GELB* kommt". Dreizehnmal moderierte Christian Clerici an den Werktagen vor dem IPO diese knapp dreiminütige Quizsendung zum Thema Aktienkauf.

Durch Einspielung von Testimonials wurde den Zuschauern in diesen Infomercials gleichermaßen Information vermittelt und eine Gewinnchance eingeräumt. 50 Promotion-Trailer im Vorfeld der Sendung sowie insgesamt elf Streifenanzeigen, die parallel zur Infoshow in den TV-Programmseiten der Bild-Zeitung geschaltet wurden, machten zusätzlich auf die Sendung, ihren Sendezeitpunkt und die Gewinnchancen aufmerksam. Einschaltquoten von rund zwei Millionen Zuschauern pro Sendung zeugen von dem außerordentlichen Erfolg dieser kombinierten Werbeform.

Eine weitere Medienkooperation mit einer der auflagenstärksten TV-Zeitschriften Deutschlands, der HÖR ZU, bot die Basis für das „Börsenspiel". Bei diesem über zehn Wochen angelegten Gewinnspiel, mit dem pro Ausgabe mehr als sechs Millionen Leser angesprochen wurden, präsentierte Deutsche Post World Net ihr Leistungsvermögen auf Sonderseiten in der Programmzeitschrift.

Ganz neue, zielgruppenspezifische Werbeformen wurden schließlich mit den börsenorientierten Nachrichten-Sendern ntv, n24 und Bloomberg TV umgesetzt. Dort trat die Deutsche Post nicht nur mit Infomercials oder als Titelpatron des „Bloomberg Forums"

101/1

101/2

101/3

101/1-3
Pointenreiche Dialoge, Information zum Konzern Deutsche Post World Net und abwechslungsreiche Settings: Die Gottschalk-Brüder in den TV-Spots zum Börsengang. Kampagne 2000. Agentur: Jung von Matt, Berlin.

102/1

102/2

102/3

102/4

102/5

102/1
Gottschalk-Aufsteller in Postfilialen. Kampagne 2000. Agentur: Jung von Matt, Berlin.

102/2
Rollende Werbefläche: 40 000 Fahrzeuge werben für die AKTIE GELB.

102/3
Briefkästen als Werbefläche. Kampagne 2000. Agentur: Jung von Matt, Berlin.

102/4 + 5
Neue Werbefilme: SAT.1-Infoshow mit Christian Clerici. Agentur: Conplan Medien mit Media 1, Berlin.

auf. Mit speziellen Nachrichten-Laufbändern (Börsen-Crawls), die mehrmals pro Tag vor der DAX-Aktiengruppe am unteren Rand über den Bildschirm liefen, wurden börsenaffine Zuschauer angesprochen und für den künftigen DAX-Kandidaten Deutsche Post sensibilisiert.

Die kommunikative Vorgeschichte des Börsengangs

Dieser Börsenstart hatte eine kommunikative und werbliche Vorgeschichte. Die Börsenkampagne war die dritte Phase einer mittelfristig angelegten Werbestrategie der Deutschen Post. Sie hatte im Herbst 1998 mit einer so genannten Markenleitkampagne eingesetzt. Deren Ziel war es, die Stärken der Deutschen Post in der Öffentlichkeit zu verdeutlichen und ihre vermeintlichen Schwächen („Wahrnehmungsdefizite") abzubauen – in den Herzen und Köpfen der künftigen Aktionäre.

Die Drei-Phasen-Strategie

Den Werbe- und Kommunikationsmanagern der Deutschen Post ging es zunächst darum, eine „Leistungsmarke Deutsche Post" nachhaltig bei Kunden und künftigen Aktionären zu etablieren, mit der Begriffe wie Schnelligkeit und Sicherheit assoziiert werden konnten. Kaum ein Interview mit Postchef Klaus Zumwinkel, kaum eine Veröffentlichung der Deutschen Post, kaum eine Werbebotschaft in Zeitungen oder Fernsehspots, in denen nicht von der Formel E+1 die Rede war – Einlieferung plus 1 Tag = Empfang der Briefsendung. Marktforschungsergebnisse und Kundenbefragungen zeigten, dass dieser „Werbedruck" Wirkung zeigte. Allmählich wich das negative Bild von der angestaubten Postbehörde aus dem Bewusstsein der Öffentlichkeit zugunsten von Konturen einer leistungsfähigen, bürgernahen Post, die inzwischen sogar Gewinne erwirtschaftete.

Zur ersten Phase der Markenleitkampagne gehörte auch die Weiterentwicklung eines einheitlichen Unternehmensbildes („Corporate Design") mit dem Ziel, die Neuordnung der Deutschen Post zu unterstützen. Heute liegt ein Regelwerk vor, das von der Hausfarbe über die Typografie, Geschäftsausstattung und Fassadengestaltung den öffentlichen Auftritt der Deutschen Post vorschreibt – als normatives und zugleich dynamisches System.

Auch die Botschaft der Internationalität galt es, nach außen hin zu vermitteln. Nicht gerade unbemerkt, aber auch nicht lauthals marktschreierisch, war die Deutsche Post Ende der neunziger Jahre zu einem internationalen Logistikkonzern aufgerückt, der heute unter dem Konzernnamen „Deutsche Post World Net" in über 150 Ländern der Erde tätig ist.

Die Deutsche Post musste in ihrer neuen Eigenschaft als „Global Player" vertrauter gemacht werden, (nicht nur) um beim geplanten Börsengang erfolgreich zu sein.

In einer zweiten Phase ihrer Markenleitkampagne, sie erstreckte sich von September 1999 bis Mitte August 2000, ging es daher allgemein um die Botschaft: „Die Deutsche Post ist internationaler und zukunftsorientierter als Sie denken."

Denn zum Thema Internationalisierung war längst (und folgerichtig) das zukunftsträchtige Thema „e-Commerce" hinzugekommen. Die Deutsche Post präsentierte sich als kompetent – sowohl in Sachen Logistik, als auch im Internet und in den Neuen Märkten.

So war es nur folgerichtig, dass die Deutsche Post eine Werbekampagne startete, welche die Internet-Heroen von Amazon, Dell, Yahoo und Intershop spektakulär integrier-

▶ **Phase I** **Markenleitkampagne** (Sept. '98 bis Mai '99)	▶ **Phase II** **Markenleitkampagne** (Sept. '99 bis Mitte August 2000)	▶ **Phase III** **Börsenkampagne** (Ende August 2000 bis Nov. 2000)
Zielsetzung a) Beseitigung des Wahrnehmungsdefizits bezüglich des Leistungsspektrums der Deutschen Post b) Festigung der vorhandenen Stärken der Deutschen Post; beispielsweise – Schnelligkeit (E+1) – Preis/Leistung	Zielsetzung a) Information und Akzeptanz für internationales Engagement und durchgeführte Akquisitionen b) Kommunikation neuer Mehrwertleistungen (Logistik-Kompetenz/ E-Commerce)	Zielsetzung a) Information und Akzeptanz für den geplanten Börsengang Kommunikation der wesentlichen Eckpunkte der Equity Story (Pre-Offer-Phase) b) Interesse und Kaufanreiz für Aktien (Hard Selling) Kommunikation der konkreten Konditionen des Angebots (Offer-Phase)
→ Etablierung der Leistungsmarke Deutsche Post	→ Nachhaltige Beweisführung der Konzern-Positionierung: „global player in logistics, express and postal services"	→ Positionierung der Deutschen Post als solides, renditestarkes Investment
Botschaft: Die Deutsche Post ist besser, als Sie denken!	Botschaft: Die Deutsche Post ist internationaler und zukunftsorientierter, als Sie denken!	Botschaft: Die *AKTIE GELB* ist erfolgreicher, als Sie denken!

104/1

104/1
Drei-Phasen-Modell für die Vorbereitung des IPO.

104/2
Die Deutsche Post World Net engagiert sich auch als Sportsponsor. Sie unterstützt das Jordan-Formel-1-Team.

105/1
Kampagne zum Thema Internationalität.
Kampagne 1999/2000.
Agentur: Jung von Matt, Berlin.

104/2

105/1

ten. Jeff Bezos, Chef des Versandhandels amazon.de warb in Fernsehspots ebenso für die Deutsche Post wie Michael Dell (Dell-Computer), Jerry Yang (Yahoo) und Intershop-Chef Stephan Schambach.

Ein Werbe-Beispiel aus der Welt der Buchbestellung via Internet: „Amazon.de: Bestellmaschine. Deutsche Post: Bringmaschine". Zukünftigen Börsianern, die vom Boom an den neuen Märkten fasziniert waren, sollte ebenso wie den Kunden in aller Welt deutlich gemacht werden: E-Commerce ohne die Deutsche Post – das ist wie bestellt und nicht abgeholt. Flugs lobte der Kommunikationsprofessor Peter Glotz in der „Woche": „Ein unbezahlbarer Spruch."

Die Internationalität des Konzerns Deutsche Post World Net machte eine spektakuläre Präsentation deutlich. Vom „schnellsten Postboten" der Welt schwärmten die Sportreporter, als der Vorstandsvorsitzende, Dr. Klaus Zumwinkel, den Formel-1-Piloten Heinz-Harald Frentzen als Sponsorpartner und Werbeträger der Deutschen Post präsentierte.

58 Milliarden Zuschauerkontakte pro Saison seien gewährleistet, versprechen die Rennmanager. Die Formel 1 hat sich als eine wahre Kommunikationsmaschine erwiesen, als kraftvolles Modul, das geeignet ist, die Marke „Deutsche Post World Net" weltweit emotional aufzuladen.

Auch wenn Frentzens Rennsaison hätte besser verlaufen können – die Deutsche Post machte als weltweiter Sponsor auf sich aufmerksam. Sie war und ist präsent, und sie prägt sich seither selbst im fernen Japan als führende Marke im Wettbewerb ein. Da staunte selbst die auflagenstärkste Zeitung Europas und die Bild schlagzeilte auf der ersten Seite: „Unsere Post. Vom Schnarchverein zum Weltkonzern".

Werbewirkung

Die Werbemacher
Agentur-Alltag bei Scholz & Friends Berlin, Wöhlertstr. 12/13, Berlin-Mitte

Werbeagenturen haben einen schillernden Ruf. Sie gelten als „geheime Verführer". Mal ist das als Kompliment gemeint, mal soll es das Komplott gegen den unschuldigen Verbraucher brandmarken. Jedenfalls lässt gute Werbung niemanden gleichgültig. Sie emotionalisiert und polarisiert. Denn ihr Geschäft ist es, Aufmerksamkeit zu erregen.

Eine Werbeagentur ist ein hoch arbeitsteiliger Betrieb, in der längst nicht alle in der Kreativ-Abteilung tätig sind. Werbung entsteht in der Kommuni-

„Ich muss kreativ sein, damit andere es werden."

Jörg, Berater
Heute habe ich viele Rechnungen überprüft, Kostenvoranschläge geschrieben und diese an Kunden verschickt. Danach habe ich einen Zeitplan für einen Funk- und für einen TV-Spot erstellt und meine Ohren mit dem Kunden heiß telefoniert. Jetzt muss ich den Kreativen aufschreiben, was der Kunde verlangt und sich von der Kampagne verspricht. Ich sehe das als Herausforderung, denn ich muss dabei selbst kreativ werden und alles in eine Sprache übersetzen, die die Kreativen inspiriert. Manchmal muss ich denen auf die Füße treten und sie an den Zeitplan erinnern. Dann muss ich sie wieder ein bisschen aufrichten.

„Ich bin Verbraucher. Dafür bezahlt man mich."

Thomas, Planer
Täglich Tausende von Werbebotschaften. Dass uns eine davon berührt und unser Konsumverhalten nachweislich beeinflusst, ist so wahrscheinlich, wie die Nadel im Heuhaufen zu finden. Ein gutes Planning, eine ungewöhnliche Kommunikationsstrategie, sorgt dafür, dass diese Nadel so spitz ist, dass sie sticht, wenn man darauf tritt. Konkret heißt das: Ich definiere ein Markenversprechen, das neu ist und besser als das der Konkurrenz. Im Prinzip bin ich Beobachter und Psychologe. Ich muss wissen, was Menschen bewegt. Dafür bin ich den ganzen Tag so eine Art professioneller Verbraucher. Und das ist gar nicht so einfach.

kation mit allen Beteiligten: den Kreativen, den Media-Leuten, den Dienstleistern, schließlich den Auftraggebern ....

Mitarbeiter der Werbeagentur Scholz & Friends Berlin erzählen aus ihrem Agentur-Alltag. Aus dem Blickwinkel der verschiedenen Jobs ergibt sich ein facettenreiches Bild von der Präzisionsarbeit und den zahlreichen klugen Köpfen, die hinter guter Werbung stecken.

„Das Wichtigste in meinem Büro ist der Papierkorb."

Axel, Texter
Heute habe ich 42 Headlines geschrieben. Davon fand ich 12 gut, mein Creative Director nur 5 und 2 sind dann schließlich zum Kunden gegangen. Hört sich frustrierend an, ist aber eine gute Quote. Jetzt sollen wir uns einen TV-Spot ausdenken. Mein Art-Direktor wartet schon auf mich. Faszinierend finde ich, wenn ich etwas aufschreibe, was auf eine halbe Seite passt, und dann ein ganzer Apparat in Bewegung gesetzt wird, um daraus einen Film zu machen. Aber erst mal muss der Kunde die Idee verstehen und kaufen. Was ich hasse? Unentschlossene Kunden, unstrukturierte Beratung, endlose Meetings und die Überstunden, die sich daraus ergeben.

Ich kann gar nicht zeichnen."

Alice, Art-Direktorin
Punkt, Punkt, Komma, Strich, fertig ist das Mondgesicht. So ähnlich sehen alle meine ersten Entwürfe aus. Mein Texter könnte das eigentlich genauso malen. Mit dem hat man ja die Idee zusammen. Wenns zum Kunden geht, reicht das aber nicht mehr. Der versteht kein Strichmännchen. Dann nimmt man den Computer. Nach dem zehnten Anzeigenentwurf muss dann mal jemand anderes draufgucken und sagen, was gut ist. Zum Beispiel mein Texter. Am besten sind natürlich Filmdrehs oder Fototermine. Vor zwei Wochen haben wir einen Lastwagen fotografiert. In Süafrika. War super. Aber auch superanstrengend. Morgen muss ich wieder nach Hamburg zum Filmschnitt.

„Fotografen sind immer besonders nett zu mir."

Julia, Art-Buyerin
Gerade habe ich einen Fototermin vorbereitet und denkbare Fotografen ausgewählt. Dazu habe ich unzählige Mappen gesichtet. Da sind frühere Fotoarbeiten drin, mit denen sich die Fotografen bei uns bewerben. Diesmal muss es wieder günstig sein und in Berlin, das beschränkt die Auswahl natürlich. Ich muss gleich zu einer Mappenshow. Ein junger Fotograf aus London stellt sich vor. Stolz bin ich immer, wenn ich einen Fotografen entdecke, der noch sehr jung und unerfahren ist und der dann einen ganz tollen Job macht. Horror ist, Rechnungen zu schreiben. Die meisten Fotografen verwechseln unbürokratisch mit schlampig und dementsprechend sind dann ihre Rechnungen, die ich weiterbearbeiten muss.

„Eigentlich bin ich Bauleiter."

Valerie, FFF-Producer
Unsere Kreativen sind wie Architekten. Sie haben großartige Pläne. Einen Film stellen sie sich so oder so oder so vor. Und einer muss dann schauen, wer die vielen speziellen Ideen umsetzen kann. Das sind wir. Wir sitzen zwischen zwei Stühlen. Zwischen den Filmproduktionen und den Kreativen. Wir sorgen dafür, dass ein Film entstehen kann und noch bezahlbar bleibt. Ich liebe Werbespots. Wenn mein Freund abends beim Fernsehen die Werbung wegschalten will, streiten wir uns immer.

„Männer, die Diät-
gerichte essen, hören
gerne Schlager."

Iris, Mediaplanerin
Gerade habe ich recher-
chiert, wie viel ein Werbe-
block in "Kommissar Rex"
im Januar kostet und wie
viel im April. Ich muss darauf achten, unsere Wer-
bung so auf Sendern und
in Zeitungen zu platzieren,
dass sie die Zielgruppe unbedingt erreicht und da-
mit effektiv ist. Jetzt suche
ich nach Riesenposter-
Standplätzen. Davon gibt
es viele, aber nicht gerade
an den Orten, die wir uns
vorgestellt haben. Mein
Steckenpferd sind Print-
medien, damit kenne ich
mich am besten aus. Ich
könnte herausfinden, wie
man Männer erreicht, die
gern Diätgerichte essen.
Die hören nämlich ziem-
lich gerne Schlager. Viele
finden soziodemografi-
sche Erhebungen totlang-
weilig. Ich lese sie wie einen spannenden Gesell-
schaftsroman.

„Ich überlege, wie
Schwarz noch
schwärzer wird."

Frank, Produktioner
Ich bin für die technische
Abwicklung aller Werbe-
mittel verantwortlich.
Heute habe ich schon
Druckunterlagen rausge-
schickt, Farben überprüft,
mich mit der Beratung
rumgeschlagen, habe in
der Personalabteilung
über Personalkosten
gesprochen, habe Hun-
derte Telefonate geführt.
Ich renne von einem Mee-
ting ins nächste und
komme nicht mal dazu, ei-
nen Kaffee zu trinken.
Aber ich liebe meinen Job.
Es ist jeden Tag was
Neues. Ich glaube, es hält
jung und macht gleichzei-
tig unheimlich alt. Am
liebsten berichte ich Leuten von einem guten Er-
gebnis. Heute abend gehe
ich mit einem Freund was
trinken, ich muss dringend
abschalten und will nicht
an die Agentur denken.

Werner Kroeber-Riel
Bilder sind schnelle Schüsse ins Gehirn
Wirkungsgesetze der Bildkommunikation

Die äußeren Bilder (die Bildreize), die wir betrachten, werden nachfolgend ohne Ergänzung als Bild (und nicht als „äußeres" Bild) bezeichnet und von inneren Bildern unterschieden.

Innere Bilder sind konkrete visuelle Vorstellungen eines Menschen. Sie können mit den „inneren Augen" betrachtet werden. Ein Beispiel: Man kann das innere Bild seines Hauses betrachten und zählen, wieviel Fenster das Haus hat.

Das Wissen über konkrete – also sichtbare – Gegenstände ist im Gedächtnis teils bildlich (wie die Fassade eines Hauses), teils sprachlich (wie der Name des Hauseigentümers) verfügbar.

Die bildlichen Vorstellungen sind in
- Wahrnehmungsbilder
- Gedächtnisbilder

zu gliedern. Ein Wahrnehmungsbild entsteht dann, wenn der Gegenstand oder ein Bild des Gegenstandes (zum Beispiel ein Foto) vom Betrachter direkt sinnlich aufgenommen wird. Ein Wahrnehmungsbild ist zum Beispiel das innere Bild des Hauses, das entsteht, wenn man vor dem Haus steht und das Haus betrachtet.

Nur ein kleiner Teil der wahrgenommenen Bilder wird für längere Zeit im Gedächtnis gespeichert. Die inneren Bilder, die in Abwesenheit des Gegenstandes oder des Bildes aus dem Gedächtnis abgerufen werden können, werden Gedächtnisbilder (memory images oder mental images) genannt. Sie haben einen starken Einfluss auf das Verhalten. Das kann sich das Marketing zu Nutze machen.

Wahrnehmungsbilder und Gedächtnisbilder manifestieren sich gleichermaßen als innere Bilder – als visuelle Vorstellungen –, die Wahrnehmungsqualitäten wie farbig, komplex, erregend aufweisen, und die man mit den inneren Augen betrachten kann.

Wie werden nun innere Bilder aus dem Gedächtnis abgerufen?

In Ausnahmefällen stellen sich Gedächtnisbilder spontan ein, ohne einen besonderen Anlass. In der Regel werden sie durch interne Suchvorgänge oder durch äußere Reize hervorgerufen. Ein interner Suchvorgang entsteht zum Beispiel, wenn jemand bei einer Entscheidung über Urlaubsziele nach inneren Bildern der verschiedenen Orte sucht, die er bereits gesehen hat.

Die zur Auslösung innerer Bilder in Frage kommenden äußeren Reize sind zahlreich. Die Abbildung gibt dazu einen Überblick, sie fasst zugleich wichtige Grundbegriffe der Imageryforschung zusammen.

Das innere Bild eines Autos kann durch das Wort „Auto", durch eine grobe Skizze oder ein Foto des Autos, durch ein Geräusch oder durch einen Geruch aktiviert werden, schließlich auch durch die Aufforderung, sich das Auto vorzustellen.

Visuelle Gedächtnisbilder können durch äußere Reize unterschiedlicher Modalität (auch durch Geräusche) sowie durch innere Suchvorgänge aktiviert werden.

Die Wahrnehmungs- und Gedächtnisbilder entfalten kognitive und emotionale Wirkungen, anders ausgedrückt, sie sind mit sachlichen oder emotionalen Vorstellungen verbunden.

Unter den kognitiven Wirkungen interessieren vor allem Verarbeitung und Speicherung von sachlichem und räumlichem Wissen durch innere Bilder: Ein Beispiel für das in Form von inneren Bildern gespeicherte Wissen ist die Vorstellung von einem Opel Omega, der auf Schienen fährt (ein Bild aus der Werbung), also guten Kontakt mit der Straße hat, spursicher und stabil beim Fahren ist.

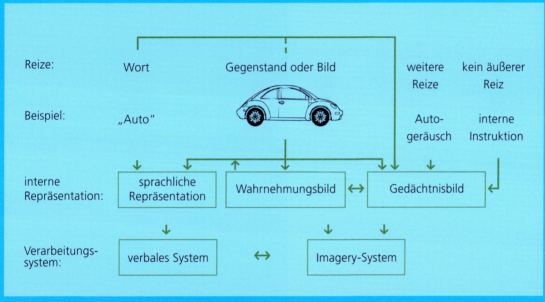

113/1
Grundbegriffe der Imageryforschung: Auslösung eines inneren Gedächtnisbildes.

114/1

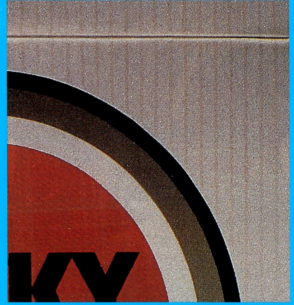
114/2

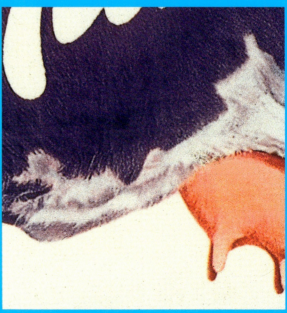
114/3

114/1
Ausschnitt aus: Für alle unser Bestes. Unser Bestes für alle. Henkel KGaA, Düsseldorf. Anzeige, 1983.

114/2
Ausschnitt aus: Was würden Sie machen, wenn Sie 4 Mark hätten? Lucky Strike. Sonst nichts. British-American Tobacco GmbH, Hamburg. Anzeige, 1990. Agentur: Knopf, Nägli, Schnackenberger, Hamburg.

114/3
Ausschnitt aus: Milka Kuh. Werbefigur für Milka Schokolade. Jacobs Suchard GmbH, Bremen. Agentur: Young & Rubicam, Frankfurt am Main.

115/1
Ausschnitt aus: Doornkaat aus Kornsaft. Berentzen Brennereien, Haselünne. Anzeige, 50er-Jahre.

115/1

An innere Bilder gebunden ist vor allem räumliches Wissen. Da die inneren Bilder die räumliche Ordnung der Wirklichkeit in einer analogen Form wiedergeben, übernehmen sie auch bevorzugt räumliche Orientierungsfunktionen. Beispiel: Wenn jemand gefragt wird, wo die Weinabteilung eines Supermarktes liegt, so entwickelt er dazu eine innere Raumvorstellung (cognitive map) des Supermarktes, in der er die Weinabteilung ortet. Beim Gang durch den Supermarkt richtet er sich nach diesem inneren Lageplan.

Die emotionalen Wirkungen sind die eigentliche Wirkungsdomäne von inneren Bildern. Das wurde bereits von der Gehirnforschung damit begründet, dass die gleiche (rechte) Gehirnhälfte bevorzugt für bildliche Vorstellungen und für emotionales Verhalten zuständig ist.

Die emotionalen Reize der Wirklichkeit werden in der menschlichen Vorstellungswelt durch innere Bilder direkter und wirksamer repräsentiert („simuliert") als durch sprachliche Vorstellungen. Wer Gefühle vermitteln will, ist deswegen in erster Linie auf eindrucksstarke Bilder angewiesen.

Die durch emotionale Eindrücke erzeugten Gedächtnisbilder können geradezu als „gespeicherte Emotionen" aufgefasst werden. Ersatzweise eignet sich bildhafte Sprache dazu, emotionale Erinnerungen und Vorstellungen in den Empfängern auszulösen.

Sowohl die kognitiven als auch die emotionalen Wirkungen innerer Bilder steuern das Verhalten, d.h. Entscheidungen und Handlungen.

Die starke Wirkung von Gedächtnisbildern auf das Verhalten kommt vor allem dadurch zu Stande, dass diese in einer Entscheidungs- oder Handlungssituation im Gedächtnis aktiviert werden und auf Grund ihrer Anschaulichkeit und emotionalen Ausstrahlung stärker auf das Verhalten durchschlagen als abstraktes sprachliches Wissen. Beispiel: Ein Arzt hat eine Diagnose gestellt. Er sucht gedanklich nach einem passenden

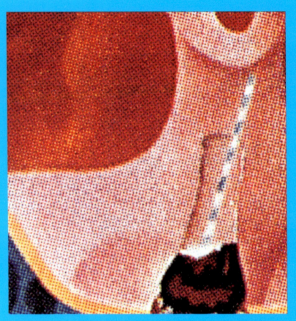

116/1

116/2

116/3

116/1
Ausschnitt aus: Rita ist lieb. Sinalco-Kola. Sinalco AG, Detmold. Anzeige, 1970.

116/2
Ausschnitt aus: Ariel macht Wäsche nicht nur sauber, sondern rein. Procter & Gamble GmbH, Schwalbach. Anzeige, 70er-Jahre. Agentur: Compton, Frankfurt am Main.

116/3
Ausschnitt aus: Bärenmarke-Bär. Werbefigur für Kondensmilch. Allgäuer Alpenmilch AG, München. Foto, 50er-Jahre.

Medikament. Medikamente, die auf Grund der Werbung mit einer bildlichen Vorstellung verbunden sind, haben eine größere Chance, verschrieben zu werden.

Halten wir zusammenfassend fest: Innere Bilder sind besonders verhaltenswirksam.

Wie stark das Verhalten durch innere Bilder beeinflusst wird, hängt von bestimmten Eigenschaften der inneren Bilder ab. Hervorzuheben sind an dieser Stelle:
- die Lebendigkeit des inneren Bildes,
- das Gefallen des inneren Bildes.

Unter Lebendigkeit (Vividness) versteht man die Deutlichkeit und Klarheit, mit der ein Gedächtnisbild vor den inneren Augen steht. Zum Beispiel ist die Zigarettenmarke Marlboro mit einem besonders klaren inneren Bild verbunden; es ist so klar, dass viele Konsumenten aus dem Gedächtnis heraus sogar die Krempe des Cowboyhutes beschreiben können. Dagegen sind andere Zigarettenmarken nur mit undeutlichen und verschwommenen bildlichen Vorstellungen verbunden.

Die Lebendigkeit ist eine besonders typische, modalitätsspezifische Eigenschaft von inneren Bildern, denn sprachliche Vorstellungen lassen sich nicht durch diese Eigenschaft kennzeichnen. Man kann sie als eine Art „Superdimension" von inneren Bildern auffassen: „Unbestritten ist die Erkenntnis, je lebendiger ein inneres Bild empfunden wird, desto stärker ist sein Einfluss auf das Verhalten"[1]. Im Hinblick auf die Beeinflussungswirkungen der Bildkommunikation kommt es also darauf an, die („äußeren") Bilder so zu gestalten und durch die Medien so darzubieten, dass sie im Empfänger lebendige (klare) Gedächtnisbilder hinterlassen.

Das Gefallen der Gedächtnisbilder drückt die mehr oder weniger positive oder negative Haltung aus, die das innere Bild begleitet. Davon hängt es ab, ob der Sachverhalt, der im Bild wiedergegeben wird, anziehend oder abstoßend empfunden wird. (...)

Wie schnell ein Bild erkannt werden kann, lässt sich sehr einfach mit einem Tachistoskop überprüfen. Das ist ein Gerät, das seit Jahrzehnten in der Kommunikationsforschung benutzt wird, um Bilder und Texte kurzfristig darzubieten – zum Beispiel auf eine Leinwand zu projizieren. Bietet man damit eine Anzeige mit Bild und Text dar, so kann man das Bild lange erkennen, bevor man den Text erkennt: Bereits im Bereich von 1/100 Sekunden wird das Thema des Bildes erkannt.

Um ein Bild so intensiv aufzunehmen, dass es später erinnert (wiedererkannt) werden kann, ist mehr Zeit erforderlich. So werden zur Aufnahme eines Bildes mittlerer Komplexität durchschnittlich eine bis zwei Sekunden benötigt. In diesem kurzen Zeitraum wird eine Vielzahl von sachlichen und emotionalen Eindrücken in das Gehirn transportiert.

In der gleichen Betrachtungszeit von einer Sekunde bis zwei Sekunden kann man je nach Lesegeschwindigkeit fünf bis zehn Wörter eines einfachen Textes aufnehmen, also nur einen kleinen Bruchteil der komplexen Eindrücke, die in dieser Zeit vom Bild vermittelt werden.

Zusammenfassend: Bilder sind schnelle Schüsse ins Gehirn. Um ein Bild mittlerer Komplexität aufzunehmen, sind nur eine bis zwei Sekunden erforderlich.

---

[1] Ruge, H-D.: Die Messung bildhafter Konsumerlebnisse. Entwicklung und Test einer neuen Meßmethode, Bd.16, Reihe Konsum und Verhalten, Heidelberg, 1988, S.105.

Werner Gaede
**Kreativität fällt nicht vom Himmel!
Werbeerfolg dank Abweichen von der Norm**

Kreativ sein – das ist modern. Vor allem die Werbung soll kreativ sein. Doch was ist Kreativität? Und warum überhaupt Kreativität?

Man hat's. Oder hat's nicht.

Wie bei einer calvinistischen Gnadenwahl. Die Antike dachte so. Plato behauptete: „Alle guten Dichter haben ihre schönen Werke nicht durch Kunstfertigkeit geschaffen, sondern weil sie inspiriert und besessen waren." Inspiriert, „eingehaucht" durch die Musen. Im Christentum tritt dann an ihre Stelle der Heilige Geist; er haucht das göttliche Pneuma ein.

In der Renaissance wird das Kreative zum ersten Mal dem Ich zugehörig betrachtet; der Renaissance-Künstler sah sich als Teilhaber am (Göttlich-)Schöpferischen.

Und auch die Genie-Lehren (Sturm und Drang, auch Goethe) sehen in einem Künstler einen Kreativen sowohl einen selbstherrlichen, göttergleichen homo creator als auch ein bloßes Medium göttlicher Kraft. (Goethe: „... gab mir ein Gott zu sagen, wie ich leide.")

Etwas Sinnvolles, das abweicht.

Die moderne Auffassung von Kreativität enthält dagegen nicht mehr die Vorstellung, dass sich in ihr eine göttliche Kraft manifestiert. (Obgleich immer noch von „Begabung", also von „Man hat's oder man hat's nicht" gesprochen wird.)

Den Kreativen werden auch heute noch besondere Fähigkeiten (wie divergentes Denken) und Eigenschaften (wie starke, nicht erlahmende Motivation; breites Wissen) zugeordnet – doch entscheidend sind bestimmte Merkmale des „kreativen Produkts":
1. Es ist neu, es weicht ab vom Gewohnten, Normalen;
2. Es ist in einem bestimmten (z.B. kommunikativen) Zusammenhang sinnvoll.

Machen wir die Probe ... mit einem Exempel:

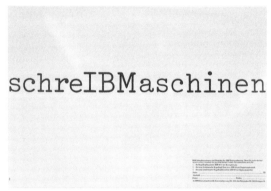

118/1

Drei abweichende Buchstaben machen ein Wort kreativ! Diese Veränderung vermittelt eine neue Botschaft und verschafft dieser Botschaft eine verstärkte Aufmerksamkeit. Warum?
- Die Schreibweise weicht ab von der orthografischen Norm. Das überrascht.
- Und: Die Abweichung hat einen kommunikativen Sinn; sie vermittelt in äußerster Verdichtung eine völlig neue Botschaft: IBM verkauft jetzt auch Schreibmaschinen.

Auf eine Formel gebracht, könnte man also sagen:

Abweichung (von der Norm) + kommunikativer Sinn = kreative Werbung.

Überprüfen wir diese These an weiteren bekannten und erfolgreichen Werbe-Beispielen:

119/1

Die Headline „Neid und Mißgunst für 99 Mark." verstößt eindeutig gegen eine gesellschaftliche, genauer moralische Norm: Neid und Missgunst waren zu allen Zeiten Untugenden, die geächtet wurden. Sie werden hier zur Motivation eines Auto-Leasing benutzt.
Der kommunikative Sinn?
Gerade diese Motivation trifft ins Herz vieler Kunden. Und sie geht nicht unter in der allgemeinen Informationsflut; denn sie weicht ab.

Fotografieren Sie Ihren Sonnenschein auch mal bei Sonnenschein!

119/2

Und dieses „Dickerchen" – wovon weicht das ab? Seine Körperlichkeit widerspricht ebenfalls einer gesellschaftlichen, genauer einer ästhetischen Norm: Models, schöne Frauen sind schlank. Die Fudji-Dame durchbricht diese (Norm-)Erwartung augenscheinlich und verschafft auf diese Weise dem Angebot erst die gewünschte bevorzugte Aufmerksamkeit des Verbrauchers.

118/1
Schreibmaschinen. IBM Deutschland GmbH, Stuttgart. Anzeige, 1980. Agentur: GGK, Düsseldorf.

119/1
Neid und Mißgunst für 99 Mark. Sixt AG, Pullach. Anzeige, 1987. Agentur: Jung von Matt, Hamburg.

119/2
Fotografieren Sie Ihren Sonnenschein auch mal bei Sonnenschein. Fuji Photo Film GmbH, Düsseldorf. Anzeige, 1973. Agentur: EBD, Düsseldorf.

120/1

120/2

Ein Mann, der schwanger ist. Eine Autopuppe, die Milch trinkt.

Ja, kennen Sie die Anzeige, bei der ein Mann schwanger ist? Der Text dazu lautete: „Wären Sie vorsichtiger, wenn Sie es wären, der schwanger ist?" (Damit waren natürlich die Männer gemeint.)

Diese berühmte Anzeige wurde zuerst 1970 vom englischen Gesundheitsdienst veröffentlicht. Es ist eine Anzeige, die unsere Erfahrung(-s-Norm) verletzt.

Das gilt auch für eine holländische Anzeige: Wir sehen eine Autopuppe, die nach einem Crashtest Milch trinkt („Melk. De witte Motor.").

Es gibt Werbung,
- bei der sich Katze und Maus, Wolf und Schaf einträchtig zusammen finden
- bei der Naturgesetze (zum Beispiel die Schwerkraft) locker durchbrochen werden
- bei der …

All dies sind Abweichungen von einer Erfahrungs-Norm, die kreativ-anders mit der Wirklichkeit umgehen.

Warum? – Um uns zum Hinschauen, zum Lesen zu provozieren.

Um die langweilige Normalität zu durchbrechen, um attraktiv-anders, unterhaltsam und aufmerkenswert mit uns Verbrauchern zu kommunizieren. Also: kreativ zu kommunizieren!

Welche Normen gibt es eigentlich?

Nicht nur gesellschaftliche oder empirische Normen werden von der kreativen Werbung durchbrochen – sie verschafft durch eine Fülle anderer Norm-Abweichungen ihrer Kommunikation den erstrebten Werbeerfolg.

Grundsätzlich sind es vier Norm-Bereiche:
1. Kommunikation
2. Gesellschaft (Moral, Ästhetik, Recht usw.)
3. Erfahrung
4. Wissen (Dieser Normen-Bereich spielt keine große Rolle.)

Der für kreative Abweichungen reichhaltigste Normen-Bereich ist bei der Werbung natürlich die (Werbe-)Kommunikation selbst.

Bei der (Werbe-)Kommunikation kann man abweichen von den Erwartungen
- an den Werbe-Kommunikator
- an die gestalterische (verbale, visuelle etc.) Umsetzung
- an die mediale Umsetzung (Abweichung, z. B. eine drei-, sechseckige Anzeige)

Erwartungen an den Werbe-Kommunikator:

Das kann ganz allgemein heißen: Erwartungen an „die Werbung". Zum Beispiel: Norm: Werbung lobt das Produkt. Abweichung: Abbildung eines VW mit einem Platten. Text: Niemand ist perfekt.

Es kann auch heißen: an eine Branche. Es gibt klassische Beispiele:
VW mit seinem „Think small". Die Auto-Konkurrenz protzte mit ihrer Größe, mit ihren vielen technischen Daten. Aber David bezwang viele Goliathe. Kreativität macht stark.

120/1
Would you be more careful if it was you that got pregnant? Anzeige, deren britischer Gesundheitsminister um 1970. Agentur: Saatchi & Saatchi, London

120/2
Melk- De Witte Motor. Agentur: PPGH/ J. Walter Thompson, Amsterdam

121/1
Think small, Volkswagen AG, Wolfsburg, Anzeige, 1962, Agentur: DDB, Düsseldorf

- Das gilt auch für FIAT Panda. Auch ein kleines Auto, eigentlich auch hässlich und ohne große Technik. Aber es war ein (abweichendes) Auto – für (genügend) Leute, die ein Auto nicht als Prestige-Objekt brauchen. Und darauf zielt die (sehr erfolgreiche!) FIAT Panda-Werbung.

- Drittes Beispiel: Lucky Strike, ebenfalls erfolgreich. Warum? Weil werbe- und branchenabweichend. Dieses Beispiel demonstriert es.

122/1

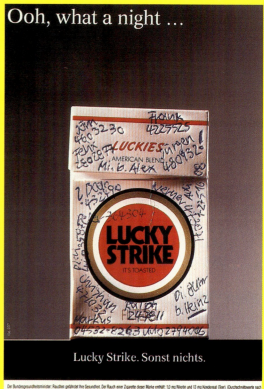

122/2

„Allllrad"- kreativ richtig!

Auch Erwartungen (Normen), die das Publikum an die sprachliche, bildliche, typografische etc. Gestaltung hat – können kreativ durchbrochen werden.

Ein Beispiel kennen wir schon: „schreIBMaschinen". Eine sprachliche, genauer orthografische Abweichung. IBM ist kein Einzelfall:
- „Der Luft geht die Lft au." (stern)
- „Allllrad" (VW mit Vierradantrieb)
- „Das dritte Vermögensbildungsgesetz ist: kmopzliiertr." (Sparkasse)

123/1

Was ist ein „Merced"?

Die Werbung verändert, z.B. reduziert auch Worte abweichend-kreativ: „Merced". Sixt hat den kürzesten Mercedes aller Zeiten (Es geht um die A-Klasse).

Auch neue Wörter werden gebildet
- das dortmundige Bier
- frischwärts (Coca Cola), tazwärts
- Beugen, Strecken, Knäcken (Wasa)

Es werden Wörter gewählt, die normalerweise (!) in Texten nicht verwendet werden: plopp, zisch, perl. Bei Condor gibt´s Bier, Wein und Sekt ohne Aufpreis.

Werbung macht auch Freude durch (Wort-) Spiele: „More smiles per hour." (BMW) Spiel mit der Klangähnlichkeit von miles und smiles (Lächeln).

122/1
Das italienische Auto, das mehr Konservierungsmittel enthält als eine deutsche Currywurst. Fiat Panda. Die tolle Kiste. Fiat Automobil AG, Frankfurt am Main. Anzeige, 80er-Jahre. Agentur: Michael Conrad & Leo Burnett, Frankfurt am Main.

122/2
Ooh, what a night... Lucky Strike. Sonst nichts. British-American Tobacco GmbH, Hamburg. Anzeige, 1990. Agentur: Knopf, Nägli, Schnackenberg, Hamburg.

123/1
More smiles per hour. Bayerische Motoren Werke AG, München. Anzeige, 90er-Jahre.

Oder: Hören Sie den Slogan eines Verbandstoff-Herstellers (Lohmann): Damit Wunden mit heiler Haut davon kommen. Ein Spiel mit den zwei Bedeutungen von: „mit heiler Haut davonkommen".

Sie kennen die in die tausende gehenden Jägermeister-Sprüche. Kostprobe: Ich trinke Jägermeister, weil ich bei Fräulein Donner ganz schön abgeblitzt bin.

Alles, alles kreative Abweichungen – leicht fortzusetzen – von der normalen (sach-ernsten) Sprache.

124/1

124/1
Ich trinke Jägermeister, weil …
Mast-Jägermeister AG, Wolfenbüttel. Anzeige, 1984. Agentur: GGK, Düsseldorf.

Ein Bild ist ein Bild ist ein Bild... oder nicht?

Ein kreatives Werbebild ist kein normales, erwartbares Bild. Sondern:
– Kein Bild. Wie das?
  • Statt eines Bildes eine Bildbeschreibung (Also: ein Kurztext). Bekannt ist die Stern-Ausstellung „Bilder im Kopf". Es gibt auch Werbeanzeigen, die nach diesem Abweichungs-Muster gestaltet worden sind.
  • Statt eines Bildes – eine weiße, schwarze oder farbige Fläche. Beispiel: weiße Fläche ... am Fuß der Seite. „Tipp-Ex korrigiert."
  • Statt eines Bildes Striche! Beispiel: Bildfläche... mit vielen waagerechten Strichen. Sie sollen repräsentieren, wie oft TWA wöchentlich über den Atlantik fliegt (= Text).
– Überraschende, also abweichende Beziehungen von Wort (Headline) und Bild.
  • Headline: Levi's 501. Je öfter man sie verwendet, desto besser werden sie. Bild: Es könnte zum Beispiel eine Analogie sein. Welche?   Zum Beispiel: ein Gehirn. Zweifellos eine „kühne", kreative Abweichung von der normalen Erwartung.
  • Oder: Es geht um ein tolles Auto, nämlich um den neuen Jaguar der XJ-Serie:
    Bild: Es könnte zum Beispiel eine Wirkung auf einen Menschen zeigen, eine etwas abweichende ...
    (... wie bei einer gerupften Gans).
    Zum Beispiel: Arm ... mit Gänsehaut, also: gesträubte Haare, grobkörnige Haut

125/1

125/1
Tipp-Ex korrigiert.
Tipp-Ex GmbH & Co. KG,
Liederbach.

Auch die Deformation des (Werbe-) Bildes ... ist kreativ!

Deformation ist ein Prinzip der klassischen modernen Kunst: Picasso malte „zwei Nasen", Dali ließ die Konturen einer Uhr zerfließen, Magritte malte Frauen mit einem Fisch- oder Männerkopf...

Die Werbung lernte von der Kunst und deformierte auch. (Um besser zu kommunizieren!) Zum Beispiel: Einem Bild wird norm-abweichend etwas hinzugefügt:
- Eine Möwe bekommt Schuhe (von Görtz) an die Füße (zum Hafengeburtstag in Hamburg).
- Mona Lisa wird eine Jägermeister-Flasche in die Hand gelegt.

Es kann auch bei einem Bild etwas ausgetauscht werden:
- Bei einer Kuh wurde aus einem normalen Fell... ein Tigerfell-Text: Jetzt Milch tanken.
- Bei einem Menschen wurden Fleisch und Blut durch Zitronen und Zitronenscheiben ausgetauscht. Produkt: Perrier Zitronen-Limonade. (Erinnert übrigens an den manieristischen Maler Arcimboldi.)

Alle diese Deformationen (also: Abweichungen!) – wir könnten sie leicht fortsetzen – geschehen natürlich nur, um einen kommunikativen Zweck zu erfüllen: Die eigene Botschaft wahrnehmungsstark und erfolgreich zu vermitteln.

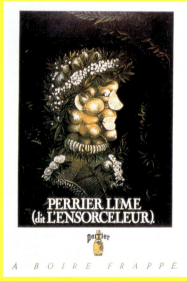

126/1

126/1
Perrier Lime. Perrier Citron. Agentur: HDM, Brüssel.

Kreative Abweichungen – warum?

Unsere moderne Medien-/Informationsgesellschaft ist gekennzeichnet durch ihre Informations-Überlastung, dramatisch wird auch von Reiz- bzw. Informations-Überflutung gesprochen. Man versteht darunter vor allem, dass nur 3 bis 5 Prozent aller angebotenen Informationen vom Publikum wahrgenommen werden. Eine Anzeige wird beispielsweise (statistisch gesehen) nur 2 Sekunden gelesen; ca. 35 Sekunden wären nötig.

Der Titel eines Buches des Cartoonisten F. K. Waechter drückt das heutige Kommunikations-Problem prägnant aus: „Wahrscheinlich guckt wieder kein Schwein."

Eine kreative Abweichung – Sie haben viele kennen gelernt – löst dieses Kommunikationsproblem. Eine Abweichung schafft für die eigene Botschaft entschieden mehr Aufmerksamkeit; sie gibt einer Werbung die überlebens-nötige Beachtungs-Chance. Denn sonst geht sie erbarmungslos in der allgemeinen Informations- (und Werbe-)Flut unter. (Mit Al Ries und Jack Trout kann man es auch so ausdrücken: „Marketing is not a battle of products, it is a battle of perceptions.")

Immer wieder: David besiegt Goliath

Die Abweichung in der Werbung ist sozusagen der kreative, der kluge David, der gegen den Goliath (mit seiner Riesenkraft an Kommunikations-Aufwand und ermüdenden Wiederholungen) obsiegt! Vielleicht wird Kreativität darum auch seit der Antike im Abendland so mythoshaft verehrt und bewundert. (In Asien gehörte zum Schöpfertum pragmatisch immer auch „Kunstfertigkeit".)

Die moderne Kreativitätsforschung – eingangs war schon die Rede davon – hält nicht viel vom Mythos Kreativität. Der Semiotiker Umberto Eco formuliert es klar: „Wenn ein Schriftsteller (oder Künstler im Allgemeinen) sagt, er habe gearbeitet, ohne an die Verfahrensregeln zu denken, meint er damit nur, dass er gearbeitet hat, ohne zu wissen, dass er sie kannte." Man kann es auch englisch sagen: To break the rules – you have to know them. Alle erwähnten und abgebildeten Werbe-Beispiele demonstrieren dies.

Literatur
Wer mehr über Kreativität bzw. Werbe-Kreativität (im Sinne dieses Aufsatzes) lesen möchte, dem seien drei Bücher empfohlen: Weisberg, Robert W.: Kreativität und Begabung, Heidelberg 1989; Perkins, D.N.: Der zündende Funke, Berlin, Frankfurt am Main, Wien 1984; Gaede, Werner: Abweichung von der Norm, eine Enzyklopädie kreativer Werbung, München, 2001.

Werbemedien

Rolf Grimm
Das Anzeigengeschäft – die „andere Seite" der Zeitschrift
Publikumszeitschriften als Werbeträger

Deutschland – ein Zeitschriftenland

Auch in den letzten anderthalb Jahrzehnten, in denen die öffentliche Aufmerksamkeit mehr dem (Privat-)Fernsehen galt, haben sich die Publikumszeitschriften in Deutschland prächtig entwickelt. Die Zahl der auflagengeprüften Titel ist um mehr als die Hälfte gestiegen; die Gesamt-Auflage aller Zeitschriften ist in dieser Zeit ebenfalls um zweistellige Prozentzahlen gewachsen; neue Gattungen haben sich entwickelt (z.B. Computer- oder 14-täglich erscheinende Programmtitel); andere erleben einen neuen Boom (z.B. die Wirtschaftspresse), ausländische Erfolgstitel drängen auf den deutschen Markt (z.B. NATIONAL GEOGRAPHIC); und vice versa etablieren sich deutsche in anderen Ländern (z.B. GEO).

Die bereits aus diesen Fakten und Tendenzen ableitbare These, dass Deutschland ein Zeitschriftenland ist, wird bei einem Blick über die Grenzen nur noch bestätigt: Nirgendwo in Europa werden so viele Zeitschriften verlegt, gekauft und gelesen; nirgendwo gibt es eine vergleichbare Fülle von Titeln und nirgendwo wird eine Medienlandschaft so nachhaltig durch Zeitschriften geprägt wie bei uns. Und in keinem Land spielt die Publikumszeitschrift als Werbeträger eine so bedeutende Rolle wie in Deutschland. Aber darüber später!

„Druckerschwärze hat eine Autorität, von der andere Farben nur träumen können!"

1986 hatte Michael Schirner für den STERN die inzwischen legendäre Ausstellung „Bilder im Kopf" inszeniert. Die Idee dabei war, die Stärke von gedruckten, also „stehenden" Bildern nicht dadurch zu demonstrieren, dass man sie zeigte, sondern dass man sie assoziativ entstehen ließ. So bestand die Ausstellung aus Bildunterschriften wie „Willy Brandt kniet im Warschauer Getto", „Vopo springt in voller Montur über den Todesstreifen" oder „Einstein streckt die Zunge heraus". Und in den Köpfen der „Betrachter", der Leser der Bildtexte, entstand das dazugehörige Bild – wie heute bei Ihnen. Sicherlich ein überzeugender Beleg für die Kraft des stehenden Bildes, eines der Grundzutaten einer Zeitschrift.

Und was das geschriebene, das gedruckte, Wort anbetrifft, die andere Ingredienz eines Printmediums, so formulierten schon die alten Chinesen: „Ich höre – und ich vergesse; ich sehe – und ich erinnere mich; ich lese – und ich verstehe".

Neil Postman, der amerikanische Medien-Guru, formuliert es differenzierter und ausführlicher. Er bescheinigt dem gedruckten Wort, dass es Eigenschaften verstärkt, wie die Fähigkeit begrifflichen, deduktiven, folgerichtigen Denkens, die Wertschätzung von Vernunft und Ordnung, den Abscheu vor inneren Widersprüchen, die Fähigkeit zu Distanz und Objektivität.

Ein geschriebener Satz verlangt von seinem Verfasser, dass er etwas sagt, und von seinem Leser, dass er die Bedeutung des Gesagten erfasst. Überall, wo Sprache – und insbesonders eine vom Druck kontrollierte Sprache – das vorrangige Kommunikationsmedium ist, wird ein Gedanke, eine Idee, ein „inneres Bild" das unvermeidliche und bleibende Ergebnis sein.

Die Implikation für (Marken-)Werbung

Diese Qualitäten des gedruckten Wortes und des stehenden Bildes wirken natürlich auch in der Werbung, zumindestens in der, die längerfristig angelegt ist.

Und so wird vor diesem Hintergrund auch ein Untersuchungsergebnis der Boston Consulting Group verständlich, wonach in den USA in 22 Produktkategorien die gleichen Marken führend sind, die es auch 1925 (!) schon waren – aufgebaut von Printmedien, da es damals Fernsehwerbung auch in den USA noch nicht gab.

Ein direkt vergleichbares Ergebnis für Deutschland liegt nicht vor, aber eine aktuelle Analyse des Verbandes Deutscher Zeitschriftenverleger (VDZ) geht in die gleiche Richtung: Von 222 Kampagnen, die zwischen 1981 und 1999 einen EFFIE-Preis erhielten, eine Auszeichnung für besonders erfolgreiche Werbung, liefen 166 in Printmedien. Und die Namen der Marken, die mit Kampagnen in Zeitschriften erfolgreich waren, lesen sich wie ein Gotha deutscher Firmen-, Marken- und Produktwerbung.

Kein Wunder, dass die deutschen Werbungtreibenden 1999 mehr als 7,2 Mrd. DM für Werbung in Zeitschriften ausgegeben haben, und dass dieses Volumen – mit einer Ausnahme 1993 – ständig gewachsen ist. (Im ersten Quartal 2000 liegt der Zuwachs schon wieder bei rekordverdächtigen 13,1 Prozent!).

Diese Werbegelder wiederum sind eine der ganz wesentlichen Voraussetzungen für den anhaltenden Erfolg der Publikumszeitschriften in Deutschland, wie die folgenden Ausführungen deutlich zu machen versuchen.

Warum es ohne Anzeigen keine erfolgreichen Zeitschriften gibt!

„Das Anzeigengeschäft dient dazu, möglichst viele Seiten einer Publikation mit Anzeigen zu bedrucken, um den Redaktionen die Möglichkeit zu geben, auf den Rückseiten möglichst viel redaktionellen Stoff unterzubringen."

Diese zweifellos nicht ganz ernst gemeinte Bemerkung, die man einem Leipziger Publizistikprofessor zuschreibt, hat aber trotzdem viel Wahres an sich: Der Umfang einer unter wirtschaftlichen Gesichtspunkten geführten Zeitschrift richtet sich nicht primär nach dem Angebot an redaktionell verwertbarem Material, das nahezu unbegrenzt ist, sondern mehr nach dem vorliegenden Anzeigenvolumen, das – leider – oft in die entgegengesetzte Richtung weist. Deshalb hat auch beispielsweise ein STERN oder ein SPIEGEL oft Seitenumfänge von 280 Seiten und mehr, während ein Leser von z.B. der NEUEN REVUE mit 100 Seiten und weniger zufrieden sein muss. Und es ist mir persönlich oft schwer gefallen, einem mäkelndem Leser, der sich über die „vielen Anzeigen" im STERN beklagte, deutlich zu machen, dass er dafür auch mehr redaktionellen Stoff geboten bekommt: Bei STERN und SPIEGEL, um bei obigem Beispiel zu bleiben, 150 redaktionelle Seiten und mehr, bei einem mit weniger Anzeigen bestückten Titel aber eben nur 70-80 Seiten mit redaktionellen Bildern und Texten.

Und das – saisonal unterschiedliche – Anzeigenvolumen ist auch der Grund dafür, dass die Ausgaben aller Zeitschriften im Frühjahr Herbst (viele Anzeigen!) umfangreicher sind als im Sommer und Winter, wenn die Werbungtreibenden – aus oft nicht nachvollziehbaren Gründen – weniger Anzeigen platzieren. Immer gilt: Das Anzeigenvolumen und die daraus resultierenden Erlöse bestimmen den redaktionellen Umfang, weil sie ihn eben – neben dem oft niedrigeren Vertriebserlös – (mit)finanzieren.

Eine Größenordnung: Titel wie SPIEGEL, FOCUS und STERN erlösen aus dem Anzeigengeschäft jährlich 450 Mio. DM und mehr und damit ca. doppelt so viel wie aus dem Vertrieb, während sich die große Mehrzahl der Titel mit einstelligen Millionenzahlen, was die Einnahmen aus dem Anzeigengeschäft betrifft, bescheiden müssen. Bei denen ist dann oft der Vertriebserlös der interessantere Teil der Kalkulation.

Wie kommt es zu diesen Unterschieden?

Die rein quantitative Betrachtungsweise
Es liegt auf der Hand, dass größere Titel eine zunächst bessere Chance haben, von den Werbung treibenden Unternehmen und ihren Agenturen als Träger ihrer Werbung auserkoren zu werden. Kennziffern für diese Perspektive sind die AUFLAGE, d. h. die Zahl der verkauften Exemplare, und die REICHWEITE, die Zahl der Leute, die diesen Titel innerhalb einer bestimmten Periode lesen. Ein Beispiel: Der STERN verkauft z.Zt. durchschnittlich 1,1 Mio. Exemplare pro Ausgabe (=AUFLAGE), eine Ausgabe wird von etwa 7 Mio. erwachsenen Personen gelesen (=REICHWEITE). Daraus ergibt sich als qualifizierende Zusatzinformation, dass ein Exemplar von rund sieben Personen zur Hand genommen wird (=LESER PRO EXEMPLAR). Ginge es alleine nach diesen Quantitäten, müssten in Deutschland ADAC-MOTORWELT und die großen Programmzeitschriften einsame Marktführer im Anzeigengeschäft sein, während die – kleine – WIRTSCHAFTSWOCHE keine Chance haben dürfte. So ist es aber nicht! Denn andere – ebenfalls noch quantitative – Kriterien relativieren diese „Größenordnungen", so z. B. der absolute und noch eher der relative Anzeigenpreis, der die Frage beantwortet, was der Werbungtreibende für 1.000 mit dem Titel erreichte Käufer oder Leser aufwenden muss.

Eine andere rechenbare Größe ist die ZIELGRUPPENGERECHTIGKEIT, die ausdrückt, ob und zu welchen Kosten von einem Titel eine bestimmte Zielgruppe erreicht wird, z. B. „junge Familienväter", „Intensiv-Verwender von Deo-Sprays" oder „engagierte Umweltschützer". Und da sind die großen Titel nur selten die besten, weil sie gerade wegen ihrer Größe in der Ansprache bestimmter Zielgruppen weniger differenzieren, während gerade hier die Stärke kleinerer (Spezial-)Titel liegt.

All diese und viele weitere quantitative Merkmale sind heute Gegenstand aufwendiger Markt- und Mediauntersuchungen, die wiederum die Basis hoch professioneller Planungs- und Abwicklungsprozesse im „Dreieck" Werbungtreibende – Agenturen – Medien sind.

Die Ergänzung: Qualitative Aspekte
Daneben bemühen sich die Marktpartner, insbesondere aber die Zeitschriftenverlage, noch weitere – häufig als qualitativ bezeichnete – Kriterien zur Auswahl des optimalen Werbeträgers heranzuziehen. Dazu gehört die – meist nur subjektiv bewertbare – redaktionelle Qualität (Hypothese: „Bessere" redaktionelle Qualität färbt positiv auf die Anzeige bzw. das dort beworbene Produkt ab). Die Leseumstände (Hypothese: Längerer, intensiverer oder entspannter Umgang mit der Zeitschrift fördert auch die Nutzung der Anzeige) oder das redaktionelle Umfeld (Hypothese: Die Platzierung einer Anzeige in einem themenverwandten Umfeld unterstützt die Akzeptanz einer Anzeige) sind weitere solche Kriterien.

Während diese Merkmale wenigstens noch den Vorteil der Vergleichbarkeit haben, gibt es andere, bei denen – oft nur monografisch – vermeintliche Vorteile des eigenen Titels herausgestellt werden, ohne auszusagen, wie dieses Merkmal bei anderen Titeln ausgeprägt ist. Da die meisten dieser qualitativen, eher beschreibenden Kriterien nicht durch Ergebnisse neutraler Untersuchungen belegt

1983

M 75 F 78
M 52 F 58
Heft 16
M 61 F 68

Anzeige gesehen:
Gesamt 77
Männer 75
Frauen 78

133/1

1984

M 66 F 75
M 77 F 85
Heft 10
M 38 F 41

Anzeige gesehen:
Gesamt 81
Männer 77
Frauen 85

133/2

133/1 bis 137/2
Was nehmen die Leser von einer Anzeige wahr? Der Stern wollte es genau wissen und gab Anzeigen-Copytests von Anzeigen aus dem Stern in Auftrag. Sie wurden von der ARGUS, einer Arbeitsgemeinschaft, bestehend aus Werbeagenturen, Werbungtreibenden und dem Stern durchgeführt. Alle Werte sind Prozentangaben der Testgruppe. M = Männer, F = Frauen. Der Kreis am Ende des Pfeiles steht an der Stelle des getesteten Bild- oder Textteils und bezieht sich auf die gesamte, so markierte Textzeile oder das gekennzeichnete Bildmotiv. Aus: Die Stern Bilbliothek. 6.000 Anzeigen-Copytests im Stern, Hamburg 1994.

1985

Heft 10

M 33
F 40

M 69
F 79

M 51
F 70

M 54
F 61

Anzeige gesehen:
Gesamt 74
Männer 69
Frauen 79

134/1

1986

M 68
F 66

Heft 24

M 36
F 25

M 66
F 42

Anzeige gesehen:
Gesamt 67
Männer 68
Frauen 66

134/2

sind, finden sie nur selten Eingang in die zahlenorientierten und computergestützten Programme der großen Media-Agenturen. Aber als Zusatzinformationen sind diese qualitativen Merkmalausprägungen allemal nützlich – und werden insbesondere von kleineren Agenturen häufig benutzt

Ohne Marketing für die Anzeige geht gar nichts!

Noch einmal zurück zu den Verlagen, die im Kampf um die Werbemark an zwei Fronten streiten.

Einmal an der intermediären, wo es gegen andere Mediagattungen geht, in erster Linie gegen das Fernsehen. Hier hat der VDZ, der Verband der Zeitschriftenverleger, einige wichtige Akzente gesetzt: z. B. mit seinen WerbeWert-Studien, in denen mit ökometrischen Ansätzen Synergie- und Transfereffekte von Printwerbung belegt werden, mit der Dokumentation „Best of Print", einer Darstellung von 166 Zeitschriftenkampagnen, die einen EFFIE-Preis gewonnen haben, oder mit dem Aufbau einer Datenbank für die Werbeplanung. Aber auch einzelne Verlage und Titel haben mit Argumentationssammlungen, Fallstudien und Wirkungsuntersuchungen viel dazu beigetragen, dass sich die Publikumszeitschrift gegen das oft überschätzte Fernsehen so gut behauptet.

An der anderen, der intramediären Front, kämpfen die Verlage untereinander. Hier versuchen sie, mit großem Aufwand, ihre spezifische Wettbewerbssituation zu verbessern, sprich: mehr Werbegelder in ihre Titel zu lenken. Das hat zu einer Vielfalt von Kampagnen, Argumentationen, Untersuchungen, Services und „added values" geführt, wie sie in diesem Umfang und in dieser Vielfalt sicherlich in keinem anderen Land der Welt zu beobachten sind.

Und wenn hier beispielhaft die STERN-Bibliothek genannt wird, dann deshalb, weil sie in den 15 (!) Jahren ihres Bestehens gleichermaßen zu einer wichtigen Facette der „Marke" STERN geworden ist wie zu einer Enzyklopädie des Anzeigenmarketing, in der wohl keine Frage, die das Anzeigengeschäft stellt, nicht zumindestens aufgegriffen wurde: Beispielhafte Untersuchungen (u.a. Marken-Profile und Dialoge) wurden dort ebenso publiziert wie Materialbroschüren zum Tagesgeschäft, Dokumentationen über Anzeigentests („6.000 Anzeigen-Copytests") ebenso wie über Anzeigentexte („Caliebes Handbook of Headlines"). Und Monografien über einzelne Medienmärkte („Medien in Europa") sind dort ebenso vertreten wie Fallstudien zu großen Marken und Kampagnen oder Beschreibungen neuer Zielgruppen („Der unbekannte DDR-Konsument", „Zielgruppenprofil Trendsetter").

Über der ausführlichen Darstellung dieses Beispiels darf aber der Hinweis nicht vergessen werden, dass auch andere Verlage und Titel sehr aktiv waren und einen großen Beitrag für die hervorragende Positionierung des Werbeträgers Zeitschrift geleistet haben. Und nur mit weiterhin einfallsreichen und intensiven Marketingaktivitäten kann die Zeitschrift diese weltweit einzigartige Position auch in Zukunft behaupten!

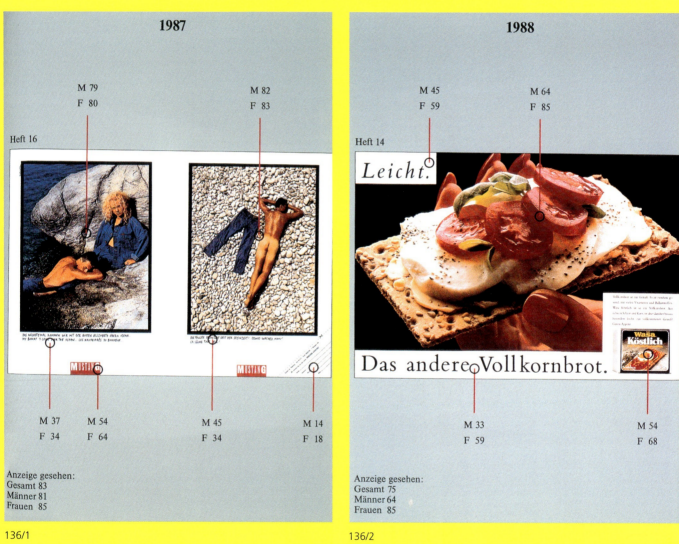

1989

M 41 M 46
F 48 F 50

Heft 14

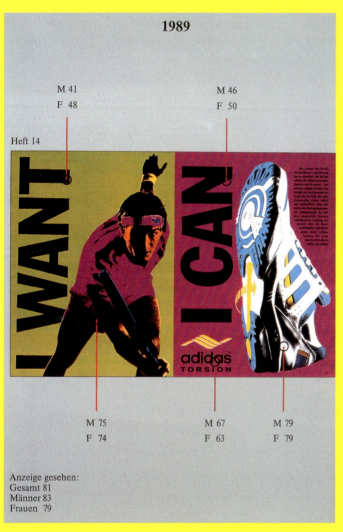

M 75 M 67 M 79
F 74 F 63 F 79

Anzeige gesehen:
Gesamt 81
Männer 83
Frauen 79

137/1

1991

M 22 M 60
F 42 F 75

Heft 42

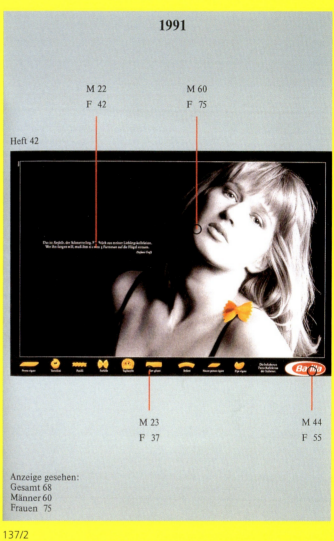

M 23 M 44
F 37 F 55

Anzeige gesehen:
Gesamt 68
Männer 60
Frauen 75

137/2

Peter Hoenisch
**Das Medium als Marke
Die RTL-Story**

Eigentlich bin ich ein konservativer Mensch, jedenfalls im Handwerklichen. Meine Katze bekommt ihr Futter ohne Petersiliensträußchen. Ich schreibe „Kreativität" mit „K" und nicht mit „C". „Charakter" ist für mich etwas, das ein Mensch haben sollte, aber nicht unbedingt ein Produkt. Und ein „Medium" ist ein Medium, vielleicht noch, so viel haben wir ja alle von Marshall McLuhan gelernt, „the message". Aber ein Medium ist keine Marke. Oder doch?

Als ich 1988 von Sony zu RTL kam, fand ich es zunächst einmal ungewohnt, für einen Fernsehsender und seine Programme Werbung und PR zu machen. Wie sollte man für etwas werben, das selber Werbeträger ist? Aus welchen Gründen würden sich Werbekunden für den einen oder den anderen TV-Sender entscheiden? In der noch gar nicht so fernen Vergangenheit war das einfach gewesen: Im Printbereich schaltete man Werbung auf Grund von Zahlen – Erhebungen über Auflage, Zielgruppen, Reichweite, regionale Besonderheiten... –, auf Grund eines bestimmten Image, vielleicht noch ein wenig aus Sympathie. Und beim Fernsehen stand man Schlange vor den Schaltern von ARD und ZDF.

Wir mussten uns also die Frage stellen: Wer sitzt vor dem Bildschirm, wem sollte unser Programm gefallen, und wie erreichen wir die Zielgruppen, die für unsere Werbekunden attraktiv sind? Aber über das Programm dachten ja auch alle anderen nach. Und alle Privatsender buhlten schließlich um dieselben, zumindest ähnlichen Zielgruppen. Da ich ahnte, dass keiner von uns das Rad neu erfinden würde, konnte ich mir anfangs auch nur schwer vorstellen, dass ein Fernsehsender mit seinem Programm und seinem Image besonderes Interesse finden oder gar eine „Marke" werden könnte.

Helmut Thoma, der damalige Chef von RTL, sah das von vorn herein anders. Er meinte, dass außer dem Programm selbst nur das „Verkaufen" des Programms und des Senders das Unternehmen voranbringen könnte. Dementsprechend haben wir in der PR „geklotzt", in der Werbung eher „gekleckert". Das spärliche Budget kam mir dabei entgegen. Werbung brauchten wir eigentlich nur für Sendungen, die vom Informationswert für die Medien nichts hergaben, und für den Sender selbst. Für den haben wir anfangs nur mit „Frechheit" und „Respektlosigkeit" geworben. Vorher hatte eine Agentur eine brave, fast langweilige Werbekampagne entwickelt. Denen habe ich sinngemäß gesagt: „Wir hätten gern eine Werbung, die so frech ist, dass wir bei jeder Anzeige Gefahr laufen, uns von der Konkurrenz eine einstweilige Verfügung einzuhandeln." Daraus entstand die Kampagne mit dem Slogan „Erfrischend anders", die sehr gut ankam und sicher mit verantwortlich dafür war, dass RTL das Image eines frechen, respektlosen und ideenreichen Senders aufbauen und verfestigen konnte.

Anders als Thoma habe ich selbst mir nie viel davon versprochen, die Konkurrenz madig zu machen. Als, ich erwähnte es bereits, im Handwerklichen eher konservativem Typ mit einer soliden, humanistischen Halbbildung standen mir die Öffentlich-Rechtlichen vom Programm her in mancher Hinsicht näher. Diese Tendenz hat sich, ich gebe es zu, inzwischen noch verstärkt. Aber Sendungen wie „Tutti Frutti" oder „Titel, Orden, Konsulate" (mit Konsul Weyer) empfand ich nicht etwa als Image schädigend, sondern als witzig und innovativ: Die Unflexibilität des Programms, die Verblödung durch Talkshows und andere Anbiederungen an den vermeintlichen „Massengeschmack" waren damals noch längst nicht so fortgeschritten. Und, zu meinem anfänglichen Erstaunen, fanden wir in jener Pionierzeit, Ende der 80er-, Anfang der 90er-Jahre, mit beinahe jedem angebotenen Thema gewaltiges Interesse bei den Medien. Zur Pressekonferenz mit Konsul Weyer reisten allein 80 Journalisten nach Köln an, die Produktion der Serie „Ein Schloss am Wörthersee" gab unendliche Möglichkeiten zur Berichterstattung her. Und wenn es nichts mehr zu berichten gab, haben wir selbst berichtenswerte „Ereignisse" geschaffen: Roy Black mit dem Motorboot haarscharf an Klaus-Jürgen Wussow vorbeifahren lassen zum Beispiel, was die Bild-Zeitung fast eine ganze Woche lang beschäftigt hat.

Damit hatten wir also die Neugierigen auf unserer Seite und RTL als den gut gelaunten Pfiffikus auf dem Newcomer-Markt der Privatsender positioniert. Das konnte auf Dauer nicht reichen. Sicher, die Bilder hatten das Verkaufen gelernt. Aber welches unverwechselbare Gesamtprodukt wollten, sollten wir denn nun verkaufen?

Es mag schon sein, dass unsere Überlegungen sich an dem Punkt nicht so sehr unterschieden haben von dem, was „herkömmliche" Unternehmen und Agenturen sich ausdenken, um eine „Marke" zu kreieren. Wir haben unsere Stärken analysiert, den Markt und die Wettbewerber beobachtet und versucht, daraus ein Profil zu formen, das wir mit Fleiß und Intensität durchgesetzt haben. Womöglich waren wir mit diesem Ansatz etwas früher dran als die Konkurrenz.

Mit vielfältigem Merchandising – von RTL-Haferflocken bis zu RTL-Kinderspielzeug – war es uns gelungen, das RTL-Logo beinahe ubiquitär zu machen. Doch eine „Marke RTL" musste in gewissem Sinne eine „Unternehmensmarke" sein. Und dazu gehörte unmittelbar die Person Helmut Thoma. Er war sicher nicht nur derjenige, an dem sich ein Großteil des „Erfolgsgeheimnisses" von RTL festmachen lässt – seine mutigen Entscheidungen wie der Kauf von Bundesliga-, Formel 1- und Wimbledon-Rechten oder das Engagement von Thomas Gottschalk für ein unerprobtes Format haben dem Sender Aufmerksamkeit und Erfolg verschafft. Thoma hat ein hervorragendes Gespür für Erfolg versprechende Sendungen und für Massenkommunikation. So konnte er, zumindest solange ihn die Bertelsmann-Controller machen ließen, etwas öfter als die anderen die richtigen Sendungen zur richtigen Zeit kaufen – und RTL ziemlich schnell zum Marktführer machen.

Aber Thoma ließ sich eben auch als Person verkaufen – und dies zwangsläufig stets im Zusammenhang mit seinem Sender. Denn Helmut Thoma fand nicht so sehr als Partygänger in den Klatschspalten statt, sondern vielmehr als schlagfertiger, wortgewaltiger Protagonist in der sich völlig neu ordnenden Medienlandschaft. Wir haben von Beginn an großen Wert darauf gelegt, ihn in die Presse zu bringen und ihn so – vermöge seiner eigenen Fähigkeiten – zur Personifizierung des Senders machen können. Keiner der Konkurrenten hatte eine solche Persönlichkeit, Thoma wurde bald zur bekanntesten Figur der neuen deutschen Fernsehszene.

Rückblickend denke ich, es war das erste Mal, dass in Deutschland wirklich aggressive PR für einen Fernsehsender gemacht wurde. Bei einer Umfrage unter Fachjournalisten auf der Funkausstellung 1993 landeten wir auf die Frage nach der besten Kommunikations-Abteilung im Fernsehbereich mit Abstand auf Platz eins. Und dabei kam neben der Programm- und Personality-Strategie auch bald der Schwerpunkt „Kulturaktivitäten" hinzu. Mir ging es dabei um den Aufbau eines qualifizierten Firmen-Image, auch wenn andere im Sender meine Umtriebe als „Kulturhansel" eher skeptisch bis widerwillig betrachtet haben. Im Ergebnis wurde sicher das Markenbewusstsein gestärkt; zumindest in dem Sinne, dass wir eben wirklich nicht traditionell und berechenbar den alten Etikettierungen folgten.

Uns kam wohl auch zugute, dass die Öffentlich-Rechtlichen eine ausgesprochen schwache Kommunikationsarbeit leisteten. Deren Aktivitäten gingen über das, allseits milde belächelte „Bei ARD und ZDF sitzen Sie in der ersten Reihe" nicht wesentlich hinaus. ARD und ZDF wirkten wie gelähmt durch den überraschenden Erfolg des privaten Fernsehens – vielleicht erklärt auch jene „Spätzündung" die mir immer noch unverständliche Reaktion der dortigen Programmverantwortlichen, den Privaten nun ausgerechnet auf dem Feld der Soap Operas und der seichten Massenunterhaltung Konkurrenz machen zu wollen. „Mainz, wie es singt und lacht" hätte ihnen doch ohnehin niemand nehmen können.

In diesem von den Öffentlich-Rechtlichen hinterlassenen Vakuum, konnten wir mit unseren Ideen, bis hin zu den Kulturaktivitäten, und unserem medienpolitischen Engagement eine Menge Punkte machen. Ich erinnere mich noch gut an die Reaktion von Jobst Plog – damals noch „nur" NDR-Intendant –, der mir nach einer Medienveranstaltung in Hamburg mit den Worten gratulierte, eine solche Veranstaltung hätte er „RTL nicht zugetraut". Wir sind damals keiner Auseinandersetzung aus dem Weg gegangen, haben uns auf dem Katholischen Kirchentag oder auch bei einer CSU-Frauentagung den Fragen und der Kritik gestellt. Außerdem haben wir eine Reihe kultureller Manifestationen gefördert: die documenta, die Biennale in Venedig, das Festival Jazz Baltica... Ich selbst habe die Ausstellung „Traum vom Sehen" im Oberhausener Gasometer auf die Beine gestellt, von der manche sagen, sie hätte die Öffentlich-Rechtlichen auf ihrem ureigensten Feld – der Traditionsbildung und -pflege des Mediums Fernsehen – „beschämt". Ob jemandem dort die Schamröte ins Gesicht gestiegen ist, weiß ich nicht: Doch ganz gewiss haben derlei Aktivitäten, wie auch die Aktion „Medien gegen Rassismus", es unseren Wettbewerbern und der kritischen Öffentlichkeit weniger leicht gemacht, RTL als bumsfidelen Lederhosensender abzuqualifizieren.

Diese Strategie war keineswegs immer unumstritten. Helmut Thoma meinte des Öfteren, nur halb im Scherz: „Im Seichten kann man nicht ertrinken" – worauf ich zu entgegnen pflegte: „Aber im Tiefen kann man besser schwimmen." Ich fürchte, wir hatten irgendwie beide Recht.

Und wozu das Ganze?

Heute, mehr als zehn Jahre nach dieser audiovisuellen „Revolution", muss die Frage statthaft sein, was denn die damaligen Veränderungen, an denen wir von RTL einen erheblichen Anteil hatten, auf Dauer bewirkt haben, und wie wir es mit diesen Wirkungen halten.

Ohne in die Tiefen der Kulturkritik gehen zu wollen, lässt sich einiges sicher zweifelsfrei feststellen. Zum Beispiel ist die TV-Werbung insgesamt sicher besser, einfallsreicher, unterhaltsamer geworden. Früher hieß es, deutsche Fernsehspots seien Printwerbung, die das Laufen noch nicht richtig gelernt haben. Heute sind, durch das große Angebot und den Druck, Unterscheidbares präsentieren zu müssen, die Agenturen in ihrer Kreativität weniger eingeschränkt; vieles, was man früher nur im Kino ausprobiert hätte, findet inzwischen auch den Weg ins Fernsehen.

Ob allerdings der Preis, den wir, die TV-Konsumenten, dafür zu zahlen haben, gerechtfertigt ist? Ich jedenfalls empfinde Werbeunterbrechungen in Spielfilmen mehr und mehr als Ärgernis. Natürlich können auch Werbespots gleichsam „überblättert" werden, und entgegen verbreiteter Vorurteile tun das auch viele Zuschauer: Man erledigt dann ansonsten aufschiebbare Geschäfte. Das „Wegzappen" hingegen hat sich nicht als Bedrohung für die Anbieter erwiesen – vielleicht hat die stillschweigende Absprache, dann Werbung zu zeigen, wenn es der Wettbewerber auch tut, das Ihre dazu getan. Allerdings dann wieder zum Nachteil der unterbrochenen Sendungen, die nun immer seltener an den Stellen gestoppt werden, die das dramaturgisch erlauben würden.

Natürlich war auch vorher das Fernsehen nicht etwa im jungfräulichen Stande. Schon des Längeren haben Drehbuchautoren und Regisseure von Vorabendserien, auch in ARD und ZDF, Werbeunterbrechungen schon beim Drehplan einzukalkulieren. Und „Product Placement" ist keine Erfindung des Privatfernsehens, sondern war lange vorher schon eine der Haupteinnahmequellen von Fernseh- und selbst Kinoproduktionen. Ein befreundeter Regisseur erzählte mir vor vielen Jahren, wie er eine ganze Szene nachdrehen musste, weil nun der Held plötzlich eine „bifi" verzehren sollte. Der Einschub schloss halt eine Lücke im Budget. So sehr durch geschicktes Product Placement – Stichwort: James Bond und BMW oder die Sony-Werbung am Times Square – Produkte zu einem gewissen „Kultstatus" kommen können, so ärgerlich sind die „bifi"-Beispiele: Insbesondere dann, wenn der Zuschauer es merkt und sich veralbert fühlt.

Ob „Advertainment", also der Versuch, in ganzen Werbeshows zu unterhalten, oder andere Cross-overs der Medienformate („Infotainment"…) eine Bereicherung unseres kulturellen Daseins sind, kann man wohl getrost dahingestellt sein lassen. Erfahrungsgemäß gewinnt in solchen Mischformen keine der Komponenten an Qualität. Aber wenn es die Quote denn segnet …

Und das ist vielleicht die folgenschwerste Veränderung der „Ver-Werbung" des Mediums Fernsehen. Die Quote ist inzwischen, und leider nicht mehr nur bei den Privatsendern, das Maß aller Dinge. Fernsehen lebt heute unter dem Diktat der Tausender-Kontaktpreise. Programme, die die gewünschte Quote nicht versprechen oder bringen, werden schnell, oft zu schnell, abgesetzt oder auf höchst unattraktive Sendeplätze verschoben.

Wie wenig aussagekräftig die Quotenerhebung ist, sieht man beispielsweise an der RTL-Dauerbilligserie „Gute Zeiten, schlechte Zeiten". Die sollte auf Grund schlechter Quoten schon nach kurzer Laufzeit abgesetzt werden, Helmut Thoma setzte sich damals gegen den Rat der Bedenkenträger durch und hatte Erfolg: Heute ist „GZSZ" der größte Gewinnbringer für RTL.

Schließlich aber, und das sollte man anlässlich einer Ausstellung mit dem Titel „WunderbareWerbeWelten" zumindest einen Augenblick lang bedenken: Privatfernsehen hat nicht nur das Medium TV selbst mehr und mehr zum Produkt oder auch zur Marke gemacht. Grundsätze der Werbung – die ja ganz zweifellos eine Form, aber eben nur eine, der Kommunikation ist – haben unsere ästhetische und, wie ich auch fürchte, kognitive Wahrnehmung radikal verändert. Das ist schön für die Werbung. Aber es bürdet ihr auch eine enorme Verantwortung auf – an die sie sich zum Beispiel angesichts der oft sehr undifferenziert geführten Debatten um gewisse Werbeverbote erinnern sollte. Denn Fernsehen – und damit inzwischen eben auch Werbung – ist nicht nur Kommunikation, sondern auch Kultur.

Werbewelten

Volker Albus
**Kauf mich!
Prominente in der Werbung**

Man trifft sie immer und überall. In allen kommunikationsrelevanten Arenen, in denen man mit ihnen oder über ihre Leistungen als Sportler, als Filmstar, als Politiker oder als sonst was plaudert und debattiert, überall dort, wo sie gefeiert und glorifiziert, überall dort, wo ihre „Einmaligkeit" per Bild, per Meldung, per Ergebnis, per Schlagzeile in die Sphären medialer Omnipräsenz katapultiert werden, überall dort feiern wir ständig ein Wiedersehen der anderen Art mit unseren Prominenten.

Gleich ob kultivierter Schöngeist, durchtrainierter Leistungssportler oder in Würde ergrauter Politiker, wenn's darum geht, mit persönlichem Einsatz ein Produkt, eine Dienstleistung oder eine gemeinnützige Sache durchzusetzen, stehen sie ganz vorne an der Werbefront. Ausgemusterte Staatsmänner, egal ob Ost oder West, müssen ebenso ran wie die englische Queen, sei es als Karikatur, als collagiertes Pressefoto oder als mehr oder weniger perfektes Double. „Wirb oder stirb!", heißt es so schön. Alles Schnee von gestern! „Stirb und wirb!", lautet die Devise. Noch nie geisterten soviele Untote aus Film und Kunst, Wissenschaft und Technik durch die Gazetten: Ob Marx oder Marilyn, Brecht oder Bogart, Lenin oder Luther, ganz gleich welcher Couleur und Herkunft, Geschäft ist Geschäft! Die Tränen über die „Königin der Herzen", Prinzessin Diana, waren noch nicht richtig getrocknet, da schickte der südkoreanische Autohersteller Kia auch schon eine Doppelgängerin auf die letzten Kilometer. Einziger Unterschied: Im Kleinwagen verlief die Fahrt unfallfrei. Erst nach massiven Protesten in der britischen Öffentlichkeit zogen die Autobauer den Film zurück. Nicht gar so zynisch, aber nicht minder bizarr wirkte die von der Agentur BBDO lancierte Diskussion, inwieweit sich die „Erfahrungen aus dem Medienspektakel nach dem Tod der britischen Prinzessin Diana" für Werbezwecke nutzen ließen, denn „Diana habe mit ihren Niederlagen den Menschen gezeigt, dass es normal sei, nicht perfekt zu sein, und es sich zugleich auch lohne, an seinen Träumen festzuhalten." Die Frage der Süddeutschen Zeitung, „Wer profitiert von dem Andenken an die Prinzessin?", die diese in weiser Voraussicht bereits fünf Wochen nach deren Unfalltod gestellt hatte, hatte man damit zumindest mit einem Anflug von Pietät zu beantworten versucht.

Unerreicht in der Kategorie Reanimation bleibt jedoch der Textil-Apostel Otto Kern, der Jesus Christus nicht nur das Abendmahl aufwärmte, sondern dem Wiedergeborenen an Stelle der maskulinen Jüngerschar sozusagen als Kreislaufstärkung zwölf barbusige Grazien an die Tafel setzte. Amen!

Wer mit wem?

Mal ist es nur ein einziger, großer Erfolg, etwa im Sport oder in den Niederungen der leichten Muse, mal sind es die kontinuierlichen Leistungen einer ganzen Lebensphase, die das Signum der Prominenz, des Idols, der Legende oder gar das des Mythos' erzeugen. Wichtig ist eigentlich nur, dass dem oder der Prominenten in irgendeinem Teil des vom Publikum wahrgenommenen Lebensbereichs Aufmerksamkeit zuteil geworden ist oder noch besser: latent zuteil wird. Je höher dabei der Grad dieser Aufmerksamkeit ist und je präziser dieser ausdifferenziert ist, desto leichter lässt sich dieses „Bild" aus Eindrücken, Vorstellungen und Klischees auf eine Ware, eine Leistung oder eine Initiative übertragen. Denn wo sonst die vermeintlichen Qualitäten eines Angebots mit vielen Worten, mit stimmungsgetränkten Bildern, mit aufwühlenden Melodien oder schlicht einer guten Idee, nur vage skiz-

145/1

145/2

145/1+2
Otto Kern Jeans. Otto Kern, Kaiserslautern. Anzeige, 1994. Agentur: Horst Wackerbarth, Düsseldorf.

146/1

146/1
Dahintert steckt immer ein kluger Kopf. Ignatz Bubis. Vorsitzender des Zentralrats der Juden. Frankfurter Allgemeine Zeitung. Anzeige, 1997. Agentur: Scholz & Friends Berlin.

ziert werden können, stellt der treffsicher platzierte Prominente ein ganzes Panorama von Assoziationen, Werten und Erfahrungen dar.

„Die Werbung hat heute die Funktion übernommen, die früher die Kunst hatte: die Vermittlung ästhetischer Inhalte ins alltägliche Leben", behauptete Michael Schirner in einem Interview mit dem FAZ-Magazin (29.5.1987). Er hat wohl Recht. Allein schon der Blick auf die Prominentenkampagnen genügt, um sich der schier unbegrenzten Facettierung dieser „ästhetischen Inhalte" zu vergewissern.

Ein Nobody mit aufgeschlagener Zeitung, der FAZ, auf der Friedenseiche in Frankfurt-Sossenheim ist zwar schon reichlich ungewöhnlich; allein die über einhundert Jahre alte Eiche gibt einiges her. Ein Ignatz Bubis jedoch, der im Geäst eben dieser Eiche Platz nimmt und in der gleichen Zeitung liest, setzt Welten von Bedeutungen frei, sowohl in Zusammenhang mit dem Baum, als auch in Hinblick auf die Zeitung selbst, auf den Slogan, auf seine Person, auf seine Familie, auf seine politische Funktion, auf seine Religion und wer weiß auf was sonst noch alles.

Eine junge, gut aussehende Frau verkörpert Jugend, Frische, vielleicht noch etwas Sexappeal, eine Franziska van Almsick jedoch, deren Lächeln uns an einem Montag nach dem Gewinn einer Medaille aus der Zeitung entgegenstrahlt, verkörpert darüber hinaus sportlichen Erfolg. Sie ist just an diesem Tag *die* Nummer Eins, sie *ist* Kraft, sie *ist* Energie, sie *ist* Ausdauer. Sie steht für den absoluten Superlativ, mehr als alle gedruckten „die Beste!", „die Erste!".

Aber schon diese beiden Beispiele zeigen, wie unterschiedlich komplex, wie vielfältig strukturiert oder mit welch geringer Haltbarkeit die Promi-Botschaften ausgestattet sein können. Während ein Ignatz Bubis (FAZ), eine

147/1

147/1
Schwimm-EM in Wien. Wiener Winner. Franziska van Almsick. Adam Opel AG, Rüsselsheim. Anzeige, 1995. Agentur: Lowe & Partners, Frankfurt am Main.

Jeanne Moreau (Vitra) oder ein Armin Mueller-Stahl (Windsor) über Jahre hinweg die gleiche Akzeptanz beim Publikum erreichen, erzielt der einmalige Medaillengewinner nur im Moment seines sportlichen Erfolgs ausreichend positive Aufmerksamkeit, es sei denn, er perpetuiert Bestleistungen wie Franz Beckenbauer oder Boris Becker.

So beschränkt sich denn auch der Einsatz der Prominenz keineswegs allein auf das Ziel, einen möglichst hohen Grad an Aufmerksamkeit zu erreichen, sondern vielmehr geht es darum, über die Aura des Prominenten mit dem Publikum eine Art qualitativen Konsens zu erzielen, der mehr oder weniger das Wachstum des ökonomischen, sozialen und ästhetischen Geflechts zwischen Angebot, Anreiz und Nachfrage beeinflusst.

Folgerichtig geht es längst nicht mehr allein darum, einen möglichst prominenten Verkäufer für das jeweilige Produkt zu verpflichten, vielmehr geht es darum, die Merkmale einer bekannten Persönlichkeit mit denen einer Marke so zu verschmelzen, dass jede Meldung, jedes Foto, jedes Erscheinen des Prominenten in der Öffentlichkeit nicht nur als individuelle Selbstdarstellung konsumiert wird, sondern dass zugleich auch Spurenelemente der Angebotspalette der jeweiligen Sponsoren, der Werbe- und Geschäftspartner oder der so genannten Ausrüster wahrgenommen werden. Und umgekehrt gilt das gleichermaßen.

In nahezu vollendeter Perfektion gelingt das in Fernsehspots, wenn TV-Größen wie Manfred Krug oder Horst Tappert als ihr mediales Alter Ego Mobilfunknetze oder Rechtschutzversicherungen lobpreisen – und so ganz nebenbei für ihre eigenen Serienauftritte werben. Selbst die Konkurrenz verliert da die Übersicht: Der Netzanbieter TELE2. bezog sich in einer Anzeige ausgerechnet auf Liebling Kreuzberg – alias Manfred Krug – alias Herr Telekom.

Wer für wie viel, wer mit wem, wer für was und warum, wer, wie und wann: Immer häufiger werden die kausalen Zusammenhänge zum Thema von Pressemeldungen. Theaterpremieren gleich werden die Auftritte in einem Spot oder in einer Kampagne lange im Voraus in der Tages- und Fachpresse angekündigt. So meldete etwa die FAZ am 23.3.96: „Der Papst tritt in einem Werbespot auf." Die Süddeutsche Zeitung berichtete am 5.12.97, dass „Gorbatschow Werbung für Pizza macht". Und Bild meldete am 13.3.98, dass „Dirty Harry" – gemeint war Harald Schmidt – mit Beginn der Fußball-WM zu „McSchmidt" mutiere, was angesichts der langen Vorlaufzeit des anstehenden Ereignisses den Medien ausreichend Zeit zu süffisantem Feedback gab – und damit die gewünschte Multiplikation zeitigte.

12.000 Schwingungen

Allerdings, nicht immer sind die Engagements so spektakulär, nicht immer ist das Verhältnis persönlich-beruflicher Ambitionen und publicityträchtiger Werbeauftritte so strategisch geschickt ausbaldowert wie im Falle McSchmidt, Liebling Kreuzbergs Advocat-Empfehlung oder Trenchcoat Derricks lakonischem Handyruf. Wie aber bilanzieren sich Soll und Haben bei all den Produkt- und Promi-Allianzen, in denen die gegenseitige Wertschöpfung nicht so offen ausgekostet wird? Welche Hoffnungen der Firmen und Institutionen knüpfen sich an die Strahlkraft der Berühmtheiten? Welche Attribute können sie tatsächlich glaubwürdig und unmittelbar transportieren? Erfolg, Jugend, Respekt, Zuverlässigkeit, Schönheit, Kultur, Charme, Witz,

149/1

149/2

149/1
Jeanne Moreau, Filmschauspielerin auf Persona. Vitra GmbH, Weil am Rhein. Anzeige, 90er-Jahre. Agentur: Weber, Hodel, Schmid, Basel.

149/2
Helmut Newton, Fotograf auf AC 1. Vitra GmbH, Weil am Rhein. Anzeige, 90er-Jahre. Agentur: Weber, Hodel, Schmid, Basel.

Esprit, Reichtum, Kraft, Disziplin, Lebensfreude? Und mit welchen „Transportmitteln" werden sie ausgestattet?

Aber was überzeugt, was überrascht, was unterhält uns? Was geht verschütt? Und was langweilt uns? Welche Rolle spielen, neben den gängigen assoziativen Bestätigungsszenarien, Überzeichnung, Selbstironie, Persiflage, Satire? Denn gerade das in jeder Hinsicht bekannte Profil des Prominenten eignet sich bestens für karikierende Verfremdung und somit für einen zusätzlichen Unterhaltungseffekt. Man denke nur an die Negativwerte von Politikern wie z.B. Ex-Finanzminister Theo Waigel oder an die Freudenstrahlen der Lindenstraßenputzfrau Else Kling über Müller Milch – „weil's schee macht". Andererseits, gerade das „fertige" Profil des Prominenten verleitet vor allem zu zähem Mittelmaß. Wahre Fluten der Beliebigkeit lösen beispielsweise sportliche Großereignisse aus, bei denen zu Beginn keiner so recht weiß, wie's ausgeht. Wie beim Roulette setzen die Agenturen auf irgendwelche Favoriten, basteln ein passendes Verslein drumherum und hoffen darauf, dass es klappt.

Allein im Sonderheft des Kicker anlässlich der Fußball-WM erschienen zehn Anzeigen, in denen einer der WM-Teilnehmer die Hauptrolle mimte. Bertis Buben verrieten, wie wir die „Besten der Welt" erleben können: mit Bitburger Drive! Ulf Kirsten, dank Panasonics Linear Power frisch rasiert, versprach markig: „Ich box' uns da durch." Was die Trockenrasur, was „12.000 Schwingungen pro Minute", was der damit „schnellste und gründlichste Panasonic-Rasierer, den es je gab" mit Fußball, speziell mit der Fußball-WM, zu tun hat, blieb ungeklärt. Noch weiter daneben lag Kaiser Franz, der ankündigte, mit Hilfe von e-plus „in über 50 Ländern international mitzureden". Mit dem Teilnehmerfeld der WM allerdings hatte die angesprochene Internationalität wenig zu tun: Genau die Hälfte der 32 Fußball-Nationen war zum Zeitpunkt der vollmundigen Werbung mit e-plus nicht erreichbar. Aber was soll's? Der Ball ist rund und der Promi bekannt.

American Express

Ganz anders bei American Express. Hier thematisierte Anfang der neunziger Jahre die amerikanische Fotografin Annie Leibovitz die stillen Freuden eines gelassen genossenen Kultur- und Konsumangebots. José Carreras, Sergio Pininfarina, Karl Lagerfeld, Alfred Biolek oder die beiden Modeunternehmer Willy Bogner und Jochen Holy (ehemals Boss) erschienen in mehr oder weniger entspannter Pose in doppel-, bzw. als Insert, in einseitigen Anzeigen. Nur in wenigen Fällen, so bei Sergio Pininfarina, der vor einem feuerroten Sportwagen steht, gibt es im Bild Hinweise auf die Profession des Prominenten. Wozu auch? Lagerfeld, Biolek, Holy oder Bogner sind bekannt, vor allem verbindet das breite Publikum mit diesen „guten Namen" exklusive Qualität und Freizeitfreuden von gehobenem Niveau. So liegt es nahe, dass auch die Protagonisten selbst nicht in einem alltäglichen Arbeitsszenario, sondern in einer Art unbeschwerter, sichtbar von jeglicher Belastung befreiten Lebenssituation vorgestellt werden. Biolek, Lagerfeld, Holy und Bogner genießen die wenigen Momente außerhalb ihres hektischen Berufslebens, und sie genießen diese Momente allein: Wie Alfred Biolek während eines Einkaufsbummels, wie das Duo Jochen Holy und Willy Bogner beim Angeln an einem einsam gelegenen Bergsee oder wie Karl Lagerfeld in stiller Zurückgezogenheit hinter den Kulissen der großen Auftritte. Manch ein

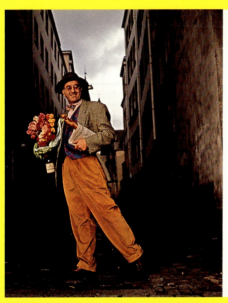

151/1

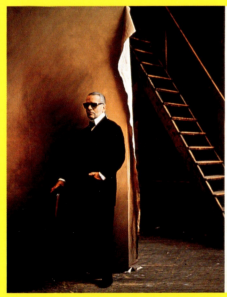

151/2

151/1
Dr. Alfred Biolek. American Express Mitglied seit 1980. Bezahlen Sie einfach mit Ihrem guten Namen. American Express Int. Inc. Deutschland, Frankfurt am Main. Anzeige, 1992. Foto: Annie Leibovitz. Agentur: Ogilvy & Mather, Frankfurt am Main.

151/2
Karl Lagerfeld. American Express Mitglied seit 1975. Bezahlen Sie einfach mit Ihrem guten Namen. American Express Int. Inc. Deutschland, Frankfurt am Main. Anzeige, 1992. Foto: Annie Leibovitz. Agentur: Ogilvy & Mather, Frankfurt am Main.

152/1
Man gönnt sich ja sonst nichts. Malteserkreuz Aquavit. Danish Distillers, Berlin. Anzeige, 90er-Jahre.

Mitglied der Amex-Prominenz – bei jedem Foto wird darauf hingewiesen, wie lange der- oder diejenige Mitglied ist – hat die Fotografin geradezu zum müßiggängerischen Bohemien stilisiert; so etwa den Tenor José Carreras, der, lasziv dahingestreckt, weltvergessen in die Sphären schöngeistiger Fantasien zu blicken scheint.

Neben der absoluten Absenz jeglicher Spur von Arbeit, vermitteln die Auftritte vor allem eines: ein hohes Maß an Selbstbewusstsein, an tiefer Ausgeglichenheit, aber auch an Konzentration. Alle Darsteller der Amex-Kampagne erscheinen in sich gekehrt, gesammelt, dem Wesentlichen ihres individuellen Interesses hingegeben.

Jedermann ist klar, dass in solchen Momenten auch nur der kleinste Gedanke an so etwas Profanes wie Geld nur stören würde. Geld spielt hier keine Rolle. Ja, das Thema Geld, Rechnung oder Bezahlung erscheint geradezu degoutant angesichts der distinguierten Souveränität der Protagonisten. Geld, das ist die Botschaft, Geld hat man ganz einfach. Aber sich über die Maßen um Geld zu kümmern, das verbietet sich. Die wenige Zeit, die einem als weltläufiger Connaisseur verbleibt, sollte man nicht mit der Suche nach Geldautomaten oder gar vor sporadisch geöffneten Bankschaltern verbringen. Das leuchtet ein. Und genau das gilt es zu vermitteln.

Und tatsächlich, dank des Status', dank der theatralischen Selbstdarstellung der ausgewählten Prominenten und der fast schon mythischen Überhöhung einiger Szenarien, vermittelt sich dieser Schluss allein über die Fotografien.

Glücklicherweise hat man auf eine verbale Unterfütterung der Bilder verzichtet. Vermerkt sind lediglich Name des Prominenten, seit wann er Mitglied ist, und – am äußersten Rand der Anzeige – der Slogan des Unternehmens: „Bezahlen Sie mit Ihrem guten Namen." Fazit: Geld plus Amex bedeutet Unabhängigkeit.

Auch in der anschließenden Kampagne berief sich Amex auf die „guten Namen" der Prominenz und deren langjährige Treue. Allerdings kaprizierte man sich nun nicht mehr auf die nationalen und internationalen Kultur- und Unternehmensgrößen, sondern auf Anbieter zwar gehobener, aber nicht exzeptioneller Qualitätsprodukte und deren Macher. Hein Gericke ist nun mal nicht Karl Lagerfeld und auch Hans Peter Wodarz köchelt seine „Pomp Duck & Circumstances" auf einem kleineren Feuer als Alfred Biolek. Folgerichtig wurde in dieser Kampagne nicht mehr die gleichsam philosophische Erhebung über die monetären Niederungen illustriert, sondern vielmehr die Vielfalt der Warenwelt in den Schaufenstern der heimischen Metropolen. Wo Annie Leibovitz noch den herablassenden Blick auf den kontrollierten Zahlungsverkehr inszenierte, breiten nun die handelnden Mittelständler Axel Leysieffer, Hein Gericke, Hans Peter Wodarz ihr Angebot aus. Wieder ist die Botschaft eindeutig, allerdings direkter: Ab jetzt wird gekauft, und Amex zeigt, was es wo so alles gibt. Dementsprechend erscheint auch die Bildsprache weniger kryptisch: Statt über hintergründige Fotositzungen werden die Protagonisten in lustigen Karikaturen vorgestellt: Shoppen macht Spaß, Geld spielt keine Rolle, denn einzig das Zahlungsmittel ist das Gleiche geblieben – wir bezahlen ja mit unserem „guten Namen".

Bemerkenswert ist der grundsätzliche Paradigmenwechsel innerhalb der beiden Kampagnen. Während in der Leibovitz-Serie allein das gefestigte Persönlichkeitsbild zum Maß aller Dinge und somit zur eigentlichen Grundlage des „guten Namens" erhoben wird, werden die Vertreter des metropolen Lifestyles durchwegs als Leitfiguren des Überflusses karikiert – zwar nett und dennoch unpersönlich, vor allem aber ausschließlich konsumbezogen: Hast du was, bist du was! Aber zeig es! Oder, um es mit Manfred Krug, Günther Strack oder Eberhard Feik zu sagen: „Man gönnt sich ja sonst nichts." Um ganz sicher zu gehen, dass die hedonistische Botschaft auch von jedermann verstanden wird, hat man diesen Personenkreis, kraft mangelnder Persönlichkeit, zusätzlich mit einer konsumnahen Lebensweisheit ausgestattet. Im Falle des Münchner Großgastronoms Michael Käfer, der sich dionysisch in einem vom häuslichen Feinkostangebot überbordenden Schlaraffenland entspannt, lautet sie, ganz dem tradierten Wohlstandsbewusstsein der deutschen Gesellschaft verpflichtet: „München hat uns geprägt. Und den Bauch meines Vaters." Na denn, Schampus für alle!

Walter Grasskamp
Werbefiguren
Ikonen der Warenwelt

Schon unter den ältesten überlieferten Zeichen finden sich solche, die zur Markierung von Handelsgütern gedient haben, sumerische Rollsiegel etwa, wie sie bereits vor fünftausend Jahren in Tonplomben oder Krugverschlüsse geprägt wurden. Gleichgültig, ob diese frühen Handelsmarken einen Eigentumsvorbehalt signalisierten oder einen Herkunftsnachweis, ob sie den Abschluss des Geschäftes unter den Schutz der Götter stellen oder die Ware auch schmücken sollten – mit ihren Figuren stehen sie am Beginn einer langlebigen Symbiose von Ware und Zeichen, am Anfang einer reichhaltigen Kultur der Markenemblematik, die zahlreiche Varianten der Gestaltung und Verwendung hervorbringen sollte.

Die Geschichte dieser Warenzeichen ist ein reich dokumentiertes und theoretisch relativ gut erschlossenes Feld einer ansonsten lange vernachlässigten Design-Geschichte. Das Ansehen, das die als Semiotik firmierende Zeichentheorie in den 70er-Jahren international gewonnen hat, trug dazu bei, dass Markenzeichen auch die Aufmerksamkeit von Kunstwissenschaftlern und Medientheoretikern fanden. Hinzu kam der kritische Impuls, mit dem die Studentenbewegung dem westlichen Wirtschaftssystem begegnete: Gerade die Kritik des Kapitalismus führte paradoxerweise dazu, dass seine Erscheinungsform erstmalig auch eine breite ästhetische Würdigung erfuhr, wenngleich eine eher polemische: Mit dem Erscheinen von Wolfgang Fritz Haugs gleichnamigem Buch etablierte sich die Kritik der Warenästhetik als beliebte Übung, den verhassten Kapitalismus auch über seine Werbeanzeigen und Zeichenproduktion zu entlarven. Die Pop-Art mit ihren affirmativen Werbe-Ikonen passte erstaunlicherweise bestens in diesen Zeitgeist.

Aber schon in den dreißiger Jahren hatte die Emigration eine Reihe deutsch-jüdischer Gelehrter in den USA mit einer rabiat ökonomischen Kultur konfrontiert. Dieser Kollision verdanken sich frühe Versuche einer geisteswissenschaftlichen Exegese der Werbekultur, darunter der wegweisende Essay des Romanisten Leo Spitzer „Amerikanische Werbung – verstanden als populäre Kunst". Auch die Ikonographie, wie sie, von Aby Warburg ausgehend, maßgeblich durch Erwin Panofsky in die angelsächsische Kunstwissenschaft eingebracht wurde, eröffnete schon früh einen geistigen Horizont, in dem barocke Embleme und Warenzeichen vergleichbar wurden. Schließlich vermittelte sich das Interesse, dass britische Intellektuelle wie Wyndham Lewis oder F. R. Leavis schon in den dreißiger Jahren für die populäre Kultur der Industriegesellschaft entwickelt hatten, über den Cambridge-Zögling Marshall McLuhan mit einer Inkubationszeit von mehr als zwanzig Jahren in das Medienbewusstsein der USA, dann auch einer internationalen Öffentlichkeit.

Nicht alle Thesen und Herleitungen, die in den genannten Konstellationen vorgebracht worden sind, haben der Kritik oder auch nur der Zeit standgehalten. Bis heute stehen die einzelnen methodischen Ansätze, die moderne Warenwelt zu deuten, noch unvermittelt nebeneinander, denn eine Zusammenschau ihrer Ergebnisse und Reichweiten hat noch niemand unternommen. Doch sind die Voraussetzungen für eine Beschäftigung mit der Geschichte des Warenzeichens und seiner Verankerung im öffentlichen Bewusstsein insgesamt günstig, zumal die Werbebranche selbst in dieser Hinsicht sehr dokumentationsfreudig ist und die juristische Bedeutung der Markenzeichen dafür gesorgt hat, dass diese sorgfältig archiviert worden sind. Vor allem in den USA, wo die Werbung, wie schon Spitzer vermutete, „gewisse Verbindungen zu Nationalcharakter und Kulturgeschichte" hat, ist die Literatur reichhaltig, wenn auch analytisch nicht immer ergiebig.

Eigenleben

Umso erstaunlicher ist es, dass die Geschichte der Werbefigur eher zu den weißen Flecken der Design-Geschichte zählt. Allseits bekannt, ist sie theoretisch und historisch eine eher unbekannte Größe geblieben. Das liegt vermutlich darin begründet, dass ihre Eigenständigkeit innerhalb der Markenemblematik unterschätzt wurde, ihr vielfältiges Erscheinungsbild aber auch nur schwer auf den Begriff zu bringen ist. Sind Markenzeichen und Warenzeichen relativ präzise Begriffe, so hat man bei der Werbefigur schon Probleme, sie genau zu definieren.

Werbefiguren bilden eine Zeichenmenge der Markenwerbung, die sich mit der von Markenzeichen überschneidet, aber keineswegs deckt. Schon sehr früh, nämlich im 19. Jahrhundert entwickelt, hat die Werbefigur eine immer größere Eigenständigkeit gegenüber dem Markenzeichen gewonnen. Dafür lässt sich der „Michelin-Mann" als Paradebeispiel anführen, der seit 1891 als Markenzeichen der Reifenfirma fungiert und 1898 zum ersten Mal auf einem Plakat belegt ist. Denn genauso wie die schon 1820 konzipierte Figur des „Johnny Walker" vermittelt er den Markennamen, ohne dass dieser eigens genannt oder optisch in seinem Umfeld auftauchen müsste: Die Propaganda mit der Werbefigur verankert einen Markennamen und eine Produktsorte so im Bewusstsein der Öffentlichkeit, dass später der bloße Auftritt der Figur genügt, um die Mehrzahl der Betrachter mit Pawlowscher Sicherheit Markennamen und Produkt assoziieren zu lassen. Dabei kann die Figur, wie im Fall des Michelin-Mannes, durch-

155/1

155/1
Das verlangt die Strasse: Michelin. Michelin Reifenwerke, Karlsruhe.
Anzeige, 1987.

156/1

156/1
Osborne-Stier. Ausschnitt aus einem Werbespot für den gleichnamigen Sherry. Hermann G. Dethleffsen GmbH & Co., Flensburg.

156/2
Johnnie Walker. Scotch Whisky. John Walker & Sons, Glasgow, Schottland. Flaschenetikett.

156/3
Lurchi. Werbefigur für Salamander Schuhe. Salamander AG, Kornwestheim.

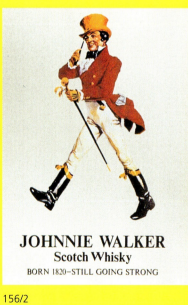

156/2

156/3

aus einem bereits vorher konturierten Markenemblem entspringen, aber sie gewinnt ihren Charakter erst in dem Maße, wie sie ein figürliches und mediales Eigenleben entwickelt, was, wie man sehen wird, fast dasselbe ist.

Medienlaufbahn

Zu den ersten Medien der Werbefigur zählen Plakat und Zeitungsanzeige. Beide ermöglichten es, die einmal konturierte Werbefigur auf wechselnden Schauplätzen und in veränderten narrativen Rahmen auftreten zu lassen. Kurioserweise versuchte auch die Odol-Werbung früh das Prinzip des wechselnden Schauplatzes aufzugreifen, in dem sie den Markennamen plastisch in assoziationsreichen Umgebungen inszenierte. Aber mit einer bloßen Wortmarke ließ sich natürlich nicht die Popularität einer Werbefigur erreichen. Die Plakatkampagne für den Michelin-Mann festigte dagegen dessen fiktive Identität schon bald so stark, dass ein Festwagen des Karnevalumzuges in Nizza ihn 1912 in verschiedener, darunter auch monumentaler Größe mitführte – bis heute ist die plastische Ausführung des beliebten Reifenkerls nachdrücklicher Hinweis darauf, dass die Kleinplastik das älteste und lange Zeit populärste Medium der Werbefigur gewesen sein dürfte. Auf Ladentischen oder in Schaufenstern platziert, lebte auch sie bereits von einer Art Schauplatzwechsel, hauptsächlich aber von ihrem figürlichen Charme – wie Johnny Walker, der in Kneipen und Läden seine kühne Ausschreitung in den Dienst der Werbung stellte.

Ein entscheidender Schritt in der Verselbstständigung der Werbefigur vollzog sich mit dem Übergang in den Comic-Strip. Er dürfte das Medium sein, in dem sich die Werbefigur zum ersten Mal richtig zu Hause fühlen konnte, bis sie dann über den Zeichentrickfilm in den Fernsehspot abwanderte. Über den Comic-Strip hat sich manches Markenzeichen in Werbefiguren übersetzen lassen, und dafür bietet sich ein schlagendes Beispiel aus der westdeutschen Nachkriegswerbung an.

Lurchi klärt auf

Das eingetragene Markenzeichen der Schuhfirma Salamander zeigt seit 1899 einen Schwanzlurch – zunächst kurioserweise einen Bergmolch, seit 1908 dann einen späterhin unterschiedlich stilisierten Feuersalamander. Auch die Werbefigur ist ein Feuersalamander, allerdings einer, der völlig anders stilisiert ist als der des Markenzeichens, zudem einen Eigennamen trägt und spannende Abenteuer erlebt. Lurchi eben, der viele Kinder in den fünfziger und sechziger Jahren zittern ließ, ob sie auch dann noch in den Besitz eines der kostenlosen und schönen Comic-Hefte gelangen würden, wenn die Mutter auf dem anderen Markenschuh bestehen sollte, gegen den offenbar kein Argument mehr zu helfen schien.

Lurchi ist ein ideales Beispiel für eine Werbefigur – wenn auch in einem heute rührend antiquiert anmutenden Entwicklungsstadium –, denn im Gegensatz zum Markenzeichen der Firma, für die er wirbt, ist er anthropomorph, sprachbegabt und beweglich. Seine Äußerungen und sein Gestenrepertoire sind hoch differenziert, aber er ist stets auf Anhieb wiederzuerkennen und unverwechselbar. Dabei ist er für „seine" Zielgruppe von ungewöhnlich hoher figürlicher Attraktivität und hält das Interesse der Kinder durch immer neue Abenteuer lebendig – die natürlich stets um die Ware kreisen, für die Lurchi wirbt. Es sind reale und zauberische Eigenschaften, die dabei hervorgehoben oder den Schuhen angedichtet werden – im Einklang mit dem objektmagischen Weltbezug des Kindes eine ideale Werbestrategie, auch wenn sie dem erwachsenen Leser zuweilen ironisch pointiert erscheint. Lurchi erfüllt glänzend die Hauptaufgabe der Werbefigur, die darin besteht, die unspektakuläre und profane Ware narrativ aufzuladen und ihre Thematisierung in wechselnden Kontexten plausibel zu machen.

Episode

Erzähltechnisch gesehen ist es die für „Lurchis Abenteuer" typische Balance aus Wiedererkennungseffekt und Handlungsvariante, in der Werbefiguren angesiedelt sind. Das Neue der Handlung dient dazu, den Auftritt der altbekannten Figur zu motivieren, wofür schon eine Episode genügt. Dabei hat der Comic-Strip nicht zufällig Pate gestanden, denn er weist seit Anfang des Jahrhunderts eine typische Tendenz zu Serienhelden auf, die das schon durchaus populäre Medium der Bildergeschichte im 19. Jahrhundert so noch nicht kannte – welch ein Medienimperium hätte sich allein auf die beiden Prototypen „Max und Moritz" gründen lassen! Doch Wilhelm Busch glaubte es seinem Publikum noch schuldig zu sein, nicht nur neue Episoden zu erfinden, sondern jeweils auch neue Hauptfiguren. Mit den „Katzenjammer Kids" wurde dann erst 1897 – elf Jahre vor Buschs Tod ohne Zweifel nach dessen Vorbild – von dem Deutsch-Amerikaner Rudolph Dirks und dem Zeitungsverleger William Randolph Hearst der entscheidende Schritt zur Serienidentität des Comic-Strips getan, den Charlie Chaplin dann knapp zwanzig Jahren später in den Stummfilm übersetzte.

Es ist diese Tendenz des Comic-Strips zum Serienhelden und zur Episode gewesen, welche die Entstehung der Werbefigur im modernen Sinn begünstigte. Übergangsphänomene belegen die Affinität, nämlich Bildergeschichten, die an bereits existierende figurative Markenzeichen anknüpften, sie bisweilen sogar ohne große Änderungen der Ausstattung übernehmen und in Bewegung setzen konnten, wie in Frankreich das Malertrio, das seit 1906 für die Farbenfirma Ripolin stand. Rückblickend scheinen ja in manchen figürlichen Markenzeichen die Werbefiguren schon angelegt gewesen zu sein, die sie nur deshalb nicht geworden sind, weil sie sich nie in Bewegung setzten – sie blieben, was die Angelsachsen „character trademarks" nennen: Anthropomorphe Figuren, die in einer charakteristischen, meist dynamischen Pose erstarrt sind, sich aber nie „richtig" bewegen.

Natürlich sind die Grenzen fließend. Auch eine unbewegte Figur wie den „Osborne-Stier" würde man nicht nur als Markenzeichen, sondern auch als Werbefigur betrachten – was leicht fällt, da ihm die analoge Animationstechnik angepasst worden ist, entlang der spanischen Schnellstraßen in unterschiedlichen Landschaften aufgestellt und dadurch in wechselnde Kontexte und scheinbar in Bewegung gesetzt zu werden. Bei anderen Warenzeichen ist es ihre optische Lösung vom Markennamen, ihre emblematische Freistellung, die sie als Werbefiguren ansehen lässt. Das Dromedar etwa, das auf der „Camel"-Packung wirbt, lässt sich nicht als reines Markenzeichen einordnen, sondern behauptet sich selbst heute noch, in Konkurrenz zum tropentauglichen „Camel-Mann", als Werbefigur, als eine der berühmtesten sogar – immerhin sind ihm nicht nur zahlreiche Plagiate und Varianten, sondern sogar ein ganzes Romankapitel gewidmet worden, nämlich in der lesenswerten Symbol-Groteske „Buntspecht" von Tom Robbins.

Existenzbeweis

Doch scheint es angebracht, von Werbefiguren bevorzugt dort zu sprechen, wo Bewegung im Spiel ist, in welchem Medium auch immer. Denn im Unterschied zum Markenzeichen ordnete sich die Werbefigur in das einprägsame Wahrnehmungsmuster des Serienhelden ein und ist ihm auch in anderen Medien bis heute treu geblieben – die Werbefigur ist geradezu die Reinform des Serienhelden. Von der Plakatserie über den Comic-Strip führte sie ihr Entwicklungsweg zunächst weiter in den Zeichentrickfilm. Er war in seiner optischen Plausibilität und Suggestivität ihr perfekter Existenzbeweis, daher sind die Beispiele, die einem für Werbefiguren auf Anhieb einfallen, meist solche aus Zeichentrickfolgen, namentlich das „HB-Männchen", laut Karl Heinz Bohrer „der einzige westdeutsche Reklametypus, der auch im Ausland bekannt geworden ist und der stilistisch Qualität besitzt". Bis heute ist der Zeichentrickfilm ein beliebtes Medium für die Werbefigur geblieben, auch wenn sich dem Werbespot in Film und Fernsehen längst neue Möglichkeiten der Inszenierung ergeben haben. Einer der Gründe für die Beliebtheit des Zeichentricks ist die Achillesferse des Serienhelden: Er darf nicht altern oder gar sterben. Das kann aber allenfalls eine Trickfigur garantieren – das HB-Männchen triumphiert schließlich trotz aller Niederlagen ständig über den Lungenkrebs.

Folklore

Mit der Entwicklung der Film- und Fernsehwerbung hat sich dann ein neuer Typus der Werbefigur herausgebildet, der sich vom Markenzeichen weiter entfernt als jeder andere zuvor. Es ist eine mit Hilfe von professionellen

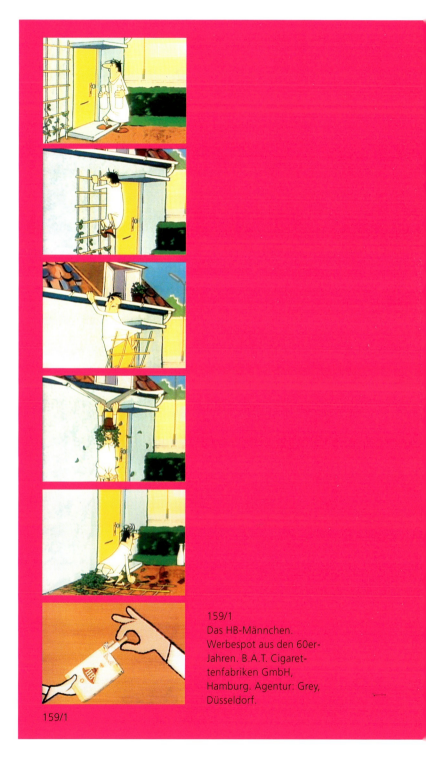

159/1
Das HB-Männchen.
Werbespot aus den 60er-Jahren. B.A.T. Cigarettenfabriken GmbH, Hamburg. Agentur: Grey, Düsseldorf.

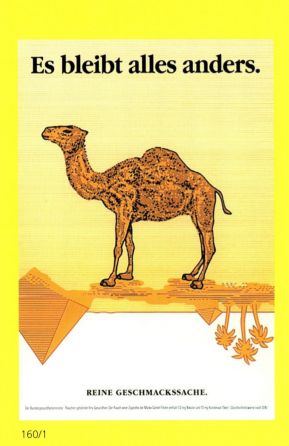

160/1

160/1
Es bleibt alles anders.
Reine Geschmackssache.
JT International Germany GmbH, Köln. Anzeige, 1992. Agentur: McCann-Erickson, Frankfurt am Main.

Schauspieler(inne)n geschaffene Figur, die sich bevorzugt im Werbefernsehen einnistet. Der „Camel-Mann" ist dafür ein gutes Beispiel, denn er tritt in Konkurrenz zu einer schon etablierten Werbefigur. Ohne jeden bildhaften Bezug zum Markenzeichen entfaltet er durch seine filmisch oder fotografisch präsentierten Abenteuer ein spezifisches Assoziationsfeld für die Ware, das weit über deren traditionelles Markenimage hinausgeht. Gleichzeitig bürgt seine persönliche Erscheinung, seine schnauzbärtige Identifizierbarkeit, auch dann noch für die Authentizität der Konsumträume, wenn seine Rolle längst von einem anderen Schauspieler gedoubelt wird.

Als gleich bleibende Figur in wechselndem narrativen Rahmen und in wechselnden Medien erlangt eine solche Werbefigur die Existenzform des antiken Mythos. Denn wie eine Herkules-Statue dem Zeitgenossen nur lesbar war, wenn er aus der mündlichen Überlieferung oder der Literatur die Geschichten kannte, die mit diesem Halbgott in Verbindung gebracht wurden, so stiftete andererseits die Statue die Veranschaulichung für eine ansonsten optisch nicht kodierte Figur. So wie in der Antike Kunst und Mythos narrative mit figurativen Energien kurz schlossen, überträgt sich die Episodenbiografie der Werbefigur aus dem bewegten auch auf den statischen Auftritt, aus dem Trickfilm auf das grafische Emblem des HB-Männchens, aus der Dschungel-Stimmung des Fernsehspots auf das Plakatwand-Großfoto des „Camel-Mannes": Werbefiguren sind medienkompatibel, ihre Auftritte ergänzen sich zu umfassenden Assoziationsrastern, die im Comic oder den AV-Medien geschaffen und dann auch auf das bloß statische Erscheinungsbild in Signet, Plastik oder Foto übertragen werden. Von diesem medialen Energietransfer, der in der Konsumgesellschaft das mythische

Hintergrundrauschen der Alltagswahrnehmung bildet, lebt die zeitgenössische Werbefigur. Spekulationen über ihr geheimes Eigenleben belegen ihre Suggestivität. Als Gerüchte geistern sie kostenlos durch die Werbewelt der Mundpropaganda, wie etwa die Sage, es gebe aus der Hand des Lurchi-Erfinders auch einen firmenintern berüchtigten Porno mit dem Personal der Heftreihe, oder es existiere ein Zeichentrickfilm, in der das hektische HB-Männchen mehrmals vergeblich versucht, Selbstmord zu begehen, was ihm erst nach dem Genuss einer Zigarette gelingt. In solchen Legenden erscheinen die Werbefiguren als zentrale Märchenhelden einer Folklore der Industriegesellschaft.

Medienalchimie

Überhaupt kann die Medienfigur in ihrem Realitätsgrad kräftig changieren. Dafür ist „Mickey Mouse" ein ideales Beispiel. Solange sie in ihrem eigenen Comic-Strip agiert, ist ihr fiktiver Charakter auch unter hart gesottenen Verehrern über jeden Zweifel erhaben. Selbst im verführerisch anschaulichen Zeichentrickfilm signalisiert das Ende der Vorstellung die Künstlichkeit der zuvor genossenen Illusion. Anders verhält es sich, wenn die prominente Maus fremdgeht: Taucht sie in der Werbung, wie aus einer anderen Welt kommend, auf, verliert sich ihr fiktiver Charakter und sie wird zur allgegenwärtigen Person des Zeitgeschehens – genau so real wie ein „Sportschau"-Sprecher, der sein Gesicht für eine Biermarke hinhält, wie ein Fernseh-Schauspieler, der sein Rollenimage für eine Pralinenwerbung anmischt, oder wie ein TV-Conferencier, der sich vorsätzlich in eine Fast-Food-Filiale verirrt. Walt Disney, das Genie der Serienhelden-Zeugung, hat diese Einnahmequelle bereits so früh erkannt, dass er schon in den dreißiger Jahren eine Gesellschaft nur für die Handhabung der Nutzungsrechte seiner Figuren in der Werbung gründete – vom Serienhelden der Fiktion zu dem der Werbung war es eben nur ein kleiner Schritt.

Denn Figuren, die als bereits bekannte Medientypen in der Werbung auftauchen, führen eine einfache Rechnung der Werbe-Mathematik vor: Die Prominenz von Figur und Ware werden scheinbar nur addiert, aber die Verwischung der Medienebenen multipliziert die Wirkung aller Beteiligten um ein Vielfaches. Es fällt nicht schwer, sich diese Entwicklung bis in die Holographie verlängert vorzustellen. Wer weiß, wann uns die Gnome und Riesen der Waschmittelwerbung, die Muttis der Keks- und die Busenwunder der Sanitärpromotion im Supermarkt dreidimensional an die Hand nehmen und mit computergesteuerter Ansprache zur richtigen Warengondel geleiten, auf dass wir uns nicht vertun? Dann endlich werden wir wissen, wie häufig McLuhans These „The medium is the message" zur Sottise heruntergezitiert worden ist, weil wir plötzlich ahnen, dass die Werbefigur im parapsychologischen Sinne das perfekte Medium der „Warenseele" (Karl Marx) ist.

Frank Feldmann
Leistung, die bewegt
Sportsponsoring und Markenbildung bei Opel

„Vor jedem Spiel wird eine klare Taktik festgelegt. Aber erst, wenn meine Emotionen mitspielen, wird für mich aus dem Beruf eine Leidenschaft." Dies sagt Mehmet Scholl, Mittelfeldspieler des FC Bayern München, in einer Anzeige der Opel Markenkampagne.

Taktik, aber auch Emotionen und Leidenschaft – das sind Schlüsselwörter für ein erfolgreiches Sportsponsoring. Eine klare Strategie ist die Voraussetzung dafür. Die Umsetzung dieser Strategie erfolgt durch eng miteinander verzahnte und aufeinander abgestimmte Maßnahmen in einem integrativen Kommunikationskonzept, das unterschiedliche Bereiche der Kommunikation umfasst: klassische Werbung, Public Relations, Verkaufsförderung, Händler-Marketing. Im ganzheitlichen Zusammenspiel der Maßnahmen kann Sportsponsoring über die bloße Werbung hinaus Emotionen für ein Produkt wecken, das Image einer Marke positiv beeinflussen und damit, im Sinne des Zitats von Mehmet Scholl, so etwas wie Leidenschaft für Marke und Produkt mit ins Spiel bringen.

Sportsponsoring – das ist ein Themenbereich im rasanten Wandel. 1985 war Opel noch so etwas wie ein Sponsoring-Pionier – heute ist Sportsponsoring integraler Bestandteil der Kommunikation vieler Unternehmen aus den unterschiedlichsten Wirtschaftsbereichen.

Sport interessiert, fasziniert und begeistert die Menschen aller Schichten und jeden Alters. Und mit dem ständig wachsenden Angebot an TV-Sendern besitzt der Sport heute eine anscheinend unbegrenzt ausdehnbare Plattform zu seiner Verbreitung.

Die damit einhergehende Kommunikationsleistung birgt gleichzeitig die Gefahr, in der großen Zahl der Sponsoren nicht mehr ausreichend individuell wahrgenommen zu werden. Dieser Gefahr kann man nur durch eine konsequente und umfassende Integration des Sportsponsoring in die Gesamtkommunikation des Unternehmens entgehen. Und durch ein großes Maß an Glaubwürdigkeit als Sponsor, durch eine erkennbare und nachvollziehbare Affinität zwischen der Marke und dem Sport.

Opel und Sportsponsoring

Sport steht für Dynamik, Teamgeist, Leistungsbereitschaft, Aktualität, Präzision und Fairness. Im Sport ist Leistung messbar, belegbar und erfahrbar. Opel fühlt sich diesen Werten und speziell dem Prinzip der Leistung verbunden – im Unternehmen wie in seinen Produkten. Opel steht für moderne, technisch hoch entwickelte Fahrzeuge, die für nahezu alle Verbrauchergruppen das passende Angebot darstellen. Das passt gut zum Sport, der die Menschen über das gesamte Spektrum der Gesellschaft anspricht. Sport und Opel – das ist also eine stimmige Verbindung. Sportsponsoring ist heute ein ganz wesentlicher Bestandteil des Kommunikationsmixes der Adam Opel AG. Durch die konsequente und umfassende Umsetzung seines Sportsponsoringkonzepts ist Opel einer der größten und bekanntesten Sportsponsoren in Europa und das bereits seit vielen Jahren.

Der Beginn des Opel Sportsponsoring

Das Engagement von Opel im Sport reicht bis an die Anfänge der Firmengeschichte zurück. Es beginnt mit den Fahrradsiegen der Opel Brüder und setzt sich schon früh im Motorsport fort, den Opel neben der Publizitäts- und Imagewirkung immer auch als eine wichtige Form der Fahrzeugerprobung und -wei-

163/1

163/1
Sports. Leistung, die bewegt. Mehmet Scholl, Partner von Opel. Adam Opel AG, Rüsselsheim. Anzeige, 1998. Agentur: Lowe, Hoffmann, Schnakenberg, Hamburg.

164/1

164/2

164/1
Viel Spaß bei der EM-Endrunde in England. Reif für die Insel. Adam Opel AG, Rüsselsheim. Anzeige, 1996. Agentur: Lowe & Partners, Frankfurt am Main.

164/2
Der FC Bayern ist zum 14. Mal Deutscher Meister. Feiern München. Adam Opel AG, Rüsselsheim. Anzeige, 1997. Agentur: Lowe & Partners, Frankfurt am Main.

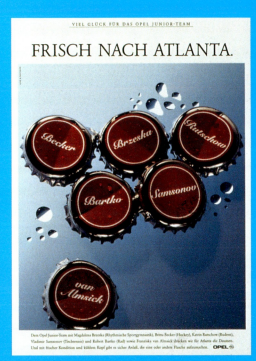

165/1

165/1
Viel Glück für das Opel Junior-Team. Frisch nach Atlanta. Adam Opel AG, Rüsselsheim. Anzeige, 1996. Agentur: Lowe & Partners, Frankfurt am Main.

terentwicklung gesehen hat. Als treibende Kraft – gemeinsam mit DaimlerChrysler – initiierte die Adam Opel AG Anfang 2000 die Deutsche Tourenwagen Masters. Die Rüsselsheimer schicken hierbei das neue Opel Coupé erfolgreich ins Rennen.

Dieses eigene Engagement von Opel im Sport wird 1985 durch ein weiteres, ganz neues Element ergänzt: das Sportsponsoring. Mit der Förderung der damals noch an den Anfängen ihrer Karriere stehenden Steffi Graf beschreitet Opel einen ganz neuen Weg. Dieser liegt in der Verbindung von Produkten und Marke mit Repräsentanten des Spitzensports. Und zwar in einer von vornherein sehr umfassenden Weise, geht es doch nicht nur darum, einen Star als Werbefigur neben einem Auto in der Anzeige oder im TV-Spot abzubilden, sondern ihn in fast synonyme Verbindung zur Marke zu setzen. Und dies bei den verschiedensten Anlässen, in den unterschiedlichsten Medien, in Zeiten des Sieges, aber ebenso konsequent auch in denen der sportlichen Niederlage. Nirgendwo deutlicher vielleicht als in den damals erstmals von Opel eingesetzten so genannten „Hero-Anzeigen" kommt dieses umfassende Verständnis von Sportpartnerschaft zum Ausdruck: die Gratulation gleich am Folgetag eines Sieges, auf ganzseitigen Tageszeitungsanzeigen, aber eben auch aufmunternde Worte nach der Niederlage, gleichfalls tagesaktuell und über eine komplette Seite hinweg. Auch das Involvement in große Ereignisse – sei es als Eventsponsor oder als Partner teilnehmender Sportler und Teams – wird entsprechend aufmerksamkeitsstark dokumentiert.

Selbstverständlich ist das Opel Sportsponsoring auf die Interessen beider Partner ausgelegt. Für Opel stehen dabei die nationale und internationale Markenprofilierung und der damit verbundene Verkaufserfolg im Vordergrund. Insofern ist die Auswahl der Sportpartner in besonderem Maße unter dem Aspekt der Sympathie und positiven Wirkung für die Marke zu sehen.

Leistung die bewegt – die Opel Markenkampagne

Opel und Sport – diese Verbindung geht 1998 noch einen Schritt weiter. Mit dem Ziel, die Sportkompetenz von Opel noch stärker für den positiven Imageaufbau der Marke zu nutzen, spielt Sport oder vielmehr: Spielen Sportler eine zentrale Rolle im Markenauftritt. Es sind die Opel Sportpartner, die im Mittelpunkt der Anzeigen und TV-Spots stehen: Franziska van Almsick, Mehmet Scholl, Giovane Elber, Franz Beckenbauer und andere. Aber nicht vordergründig in Verbindung mit einem Opel Automobil. Sondern als Menschen, als Persönlichkeiten, die für ganz bestimmte Werte stehen: für Belastbarkeit, für Leidenschaft, für Fairness, für Perfektionismus. Für Werte also, mit denen sich auch Opel als Marke identifiziert.

Die Sportler befinden sich auf allen Motiven in einem überraschenden Umfeld, etwa im Hamburger Hafen oder in den Straßen von Paris – nur nicht auf dem Sportplatz. Auf emotionale und sympathische Weise steht hier der Mensch im Vordergrund, der nur dezent und auf den zweiten Blick durch einen Opel Blitz im Schriftzug „Sports" mit der Marke Opel verbunden wird. Opel besitzt eine anerkannte Kompetenz im Sportbereich, eine auch in den Augen der Öffentlichkeit bekannte enge Bindung an seine Sportpartner. Damit kann es sich Opel leisten, hinter den prominenten Sportlern im Hintergrund zu bleiben – ein positiver Imagetransfer findet allemal statt.

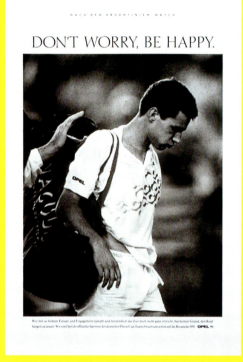

166/1

166/1
Don't worry, be happy.
Adam Opel AG, Rüsselsheim. Anzeige, 1990.
Agentur: Lowe Lürzer,
Frankfurt am Main.

167/1

167/1
New York, New York!
Adam Opel AG, Rüsselsheim. Anzeige, 1991.
Agentur: Lowe Lürzer, Frankfurt am Main.

168/1

168/1
Sports. Leistung, die bewegt. Giovane Elber, Partner von Opel. Adam Opel AG, Rüsselsheim. Anzeige, 1998. Agentur: Lowe, Hoffmann, Schnakenberg, Hamburg.

Der Erfolg des Opel Sportsponsoring resultiert dabei aus mehreren Faktoren:
- der Kontinuität des Engagements
- der Auswahl der Sportpartner
- der Breite der Förderung, eingebunden in einem zielorientierten Sponsoringkonzept
- und einem Kommunikationsmix, der alle Kommunikationskanäle umfasst.

Und: Aus der Ernsthaftigkeit des Engagements und der offensichtlichen Partnerschaft, mit der Opel hinter den geförderten Sportlern und Mannschaften steht. Damit hebt sich Opel deutlich von vielen anderen Sponsoren ab. Und das haben Sport und Automobile ganz sicher gemeinsam: Leistung, die bewegt.

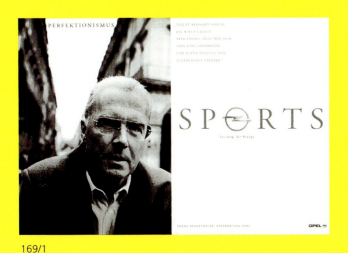

169/1

169/1
Sports. Leistung, die bewegt. Franz Beckenbauer, Partner von Opel. Adam Opel AG, Rüsselsheim. Anzeige, 1998. Agentur: Lowe, Hoffmann, Schnakenberg, Hamburg.

Michael Mosch
Maus auf Tasse, Schumi auf Tempo
Große Namen in Lizenz

Ob Calvin-Klein-Unterhose, Joop-Parfum oder Mickey-Mouse-Tasse – ihnen allen gemein ist, dass Namensgeber und Hersteller nicht identisch sind, sondern dass sich Produzenten eine „vorverkaufte Popularität" zu Nutze machen, um ihre Produkte möglichst rasch in den Konsumstrom einfließen zu lassen. Kurz – die Rede ist von Merchandising und dem damit verbundenen lukrativen Handel von Lizenzen. Dabei erwirbt der Lizenznehmer vom Lizenzgeber für einen definierten Zeitraum ein Nebenrecht, also die Lizenz, ein bestimmtes Produkt mit diesem lizenzierten „Character" herstellen zu dürfen. Dafür zahlt er neben einer Garantiesumme noch einen gewissen Prozentsatz vom Handelsabgabepreis an den Lizenzgeber. Dieser Prozentsatz reicht von 2,5 Prozent bei Lebensmitteln bis zu 20 Prozent bei Spielzeug.

Wenn die alten Römer schon den Dreh mit den Lizenzen gekannt hätten, unsere Welt hätte wohl etwas früher ganz anders ausgesehen. Das alte Rom hätte das Kürzel SPQR (Senat und Volk von Rom), das heute noch auf Kanaldeckeln zu finden ist, beinhart vermarktet. Und die Kreuzinschrift I.N.R.I., die jedem Rätseltüftler noch nach 2000 Jahren geläufig ist, hätte von der Kirche lizenziert werden können, ebenso wie das Kürzel IHS (In Hoc Signo, also „Im Zeichen des Kreuzes"), das Kaiser Constantin in der Entscheidungsschlacht für das Christentum auf die Schilder seiner Soldaten gemalt haben soll. Die Kirche hat diesen Trend eindeutig verschlafen und im Mittelalter lieber Ablassbriefe ins Portfolio genommen. Dabei hätten Kürzel durchaus Vermarktungschancen gehabt. Man denke nur an die UCLA-Pullover (University of California Los Angeles), die jeder Sextaner um 1975 trug.

Tatsächlich begann der Siegeszug der Lizenz in der westlichen Welt erst wesentlich später: 1896 in den USA. Als gegen Ende des vorigen Jahrhunderts in der Neuen Welt Comic-Strips in Mode kamen, wurden die bekannten und beliebten Figuren durch „Comic Character Merchandise" vermarktet. Als erster Comic-Strip gilt die Serie „The Yellow Kid", gezeichnet von Richard Outcault für die New-Yorker Sonntagszeitung „World". Es dauerte nicht lange, bis zu der Figur des „Yellow Kid" Lizenzprodukte entwickelt wurden: von der Krawattennadel bis zum Spiel, von der gusseisernen Spielzeugfigur bis zur Puppe. Populär wurden die Comic-Strips, weil Zeitungsgiganten wie Pulitzer oder Hearst den Nutzen der Bildergeschichten zur Steigerung ihrer Auflage erkannten. Die USA als Einwanderernation waren mit vielen Sprachen konfrontiert, die Bildergeschichten für die Neuankömmlinge leichter lesbar als langwierige Artikel in einer fremden Sprache. Mit einer neuen Comicfigur erschien Outcault 1904 auf der Weltausstellung in St. Louis und konnte gleich zahlreiche Hersteller für den penetrant-frechen Jungen „Buster Brown" gewinnen. Es gab eine ganze Reihe von Buster-Brown-Produkten, vom Spielzeug über Kleidung bis zum Schmuck.

Verstärkt wurde die Popularität der Figur durch reisende Vaudeville-Shows, in denen Liliputaner als Buster verkleidet auftraten. Der Buster-Boom endete in den 20er-Jahren des letzten Jahrhunderts, nur die Buster Brown Show Company und die Buster Brown Textile Company, heute riesige Industrieunternehmen, überlebten bis in unsere Zeit.

Mickey Mouse, heute weltweit wohl die bekannteste Lizenz, erlebte 1928 seine Geburt. In dem Film „Steamboat Willie" feierte der kleine Nager, der anfangs eher einer Ratte als einer Maus ähnelte, Premiere. Ur-Mickey hatte überdies fünf Finger und scharfe Zähne. Eine erste offizielle Genehmigung erteilte Schöpfer Walt Disney 1929 in einem New-

171/1
JOOP! Nightflight. JOOP! GmbH, Hamburg. Anzeige, 90er-Jahre.

172/1

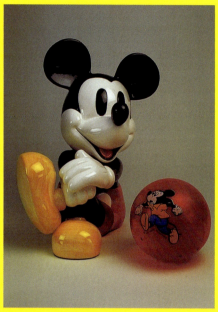

172/2

172/3

172/1-3
Verschiedene Mickey-Mouse-Lizenzprodukte. Produkte aus der Sammlung Berger, Wiesbaden.

Yorker Hotel. Für eine Gebühr von 300 Dollar durfte der Hersteller eine Schultafel mit Mickey fertigen. Es dauerte nicht lange bis in England, Frankreich, Deutschland und in den USA weitere Lizenzprodukte entstanden, häufig ohne Genehmigung, meist handelte es sich dabei um Spielzeug. Zu den Lizenznehmern zählte aber auch die renommierte Porzellanfabrik Rosenthal. Schon 1930 wurden Rosenthal-Mickeys als Aschenschalen, Pfefferstreuer, Korkenhalter und Sparbüchsen gefertigt. In einem Werbetext von Rosenthal hieß es: „Wir haben uns jetzt kolossal vermehrt und verlassen in immer größerer Anzahl die Rosenthal Porzellanfabrik, um den Weg in die ganze Welt anzutreten." Für einen Rosenthal-Mickey zahlen Sammler heute immerhin bis zu 1.500 Mark.

Im Jahr 1933 erschien die erste „Mickey-Mouse"-Uhr von Ingersoll, die sich innerhalb von zwei Jahren zweieinhalb Millionen Mal verkaufte. Es war die Geburtsstunde des modernen Licensings, das nun auch die Massen erreichte. Schon bald sollte es kein Produkt mehr geben, das nicht mit einer Mickey Mouse verziert wurde. Innerhalb kürzester Zeit setzte die Vermausung der Welt ein. In Fritz Langs berühmtem Film „M – eine Stadt sucht einen Mörder" betrat der Kommissar auf der Suche nach dem Verdächtigen eine Bäckerei, die mit Mickey-Mouse-Figuren ausstaffiert war. In „Die vom Rummelplatz" (1930) spielte Anny Ondra in einigen Szenen in einem Mickey-Mouse-Kostüm. In Österreich kam dieser Film sogar unter dem Titel „Das Micky-Maus-Girl" in die Kinos. Rudi Schuricke sang ein Loblied auf die „Micky Maus" und als Mauskottchen lächelte das Vieh, über dessen Geschlecht lange gerätselt wurde, von der Focke Wulf des Kampffliegers Adolf Gallant, obwohl die Figur von den Nationalsozialisten als dekadent verachtet wurde.

Klassenkampf hin, Klassenkampf her, selbst ein DDR-Unternehmen aus der Karl-Marx-Straße in Magdeburg stellte Wundertüten à la Mickey her. Und auch die kommunistischen Chinesen waren frühzeitig auf Mickey-Trip. Als Bundespostminister Christian Schwarz-Schilling in China weilte, gab es als Mitbringsel einen Mickey-Telefonapparat.

„Keine andere Lizenzorganisation hat den internationalen Markt so durchdrungen wie die Company", verkündete Disney einmal stolz in einem Jahresbericht. Es gibt Schätzungen, dass seit der Geburtsstunde dieser Sprechblasenwesen allein in Deutschland rund 25.000 Disney-Produkte produziert wurden – mit oder ohne Erlaubnis. Genereller Erkenntnisstand: Überall ist Entenhausen, alles wird zu Mickey Mouse.

In Deutschland reichen die Ursprünge des Licensing bis in die Mitte des 19. Jahrhunderts zurück. Anlass waren so genannte Sammelserienbilder, die dazu dienten die Sammelleidenschaft zu entfachen und von verschiedenen Herstellern als Produktbeigaben vertrieben wurden. Allerdings stand eine kommerzielle Auswertung nicht im Vordergrund, denn in der Pionierzeit des Licensing spielten urheberrechtliche Fragen noch keine Rolle. Ab 1900 rückten „Max und Moritz" von Wilhelm Busch und die „Struwwelpeter"-Figur von Dr. Heinrich Hoffmann in den Blickpunkt des industriellen Interesses. WMF produzierte beispielsweise hochwertige Max-und-Moritz-Serviettenringe und Salz- und Pfefferstreuer mit den berühmten Lausbuben. In Amerika wie in Deutschland waren somit ursprüngliche Zeichenfiguren die Väter des Licensing.

Markenartikler waren aber im Licensing die große Ausnahme, denn gerade sie vertrauten auf die Kraft der in Jahrzehnten aufgebauten eigenen Marke. Die Masse der Produkte wurde und wird von No-Name-Herstel-

174/1

174/2

174/1
Amtlicher Fernsprecher.
Ihre Post. Deutsche Post
AG, Bonn. Plakat, 1981.
Agentur: GGK,
Düsseldorf.

174/2
Die Mainzelmännchen.
Werbefiguren des ZDF,
Mainz, seit 1964.
Grafiker: Wolf Gerlach,
Wiesbaden.

lern produziert. Ohne großes Marketingbudget kann der Lizenznehmer am allgemeinen Boom teilhaben und sich so an den Erfolg einer Steven-Spielberg- oder Disney-Produktion anhängen. Allerdings sind dies oft Strohfeuer. Denn innerhalb kürzester Zeit, noch besser bevor ein Film ins Kino kommt, muss die lizenzierte Ware im Handel sein. Lizenzprodukte zu erfolgreichen Filmen haben daher oft nur eine Haltbarkeit von sechs Monaten. Wenn in dieser Zeit das Produkt nicht abverkauft wird, dann kommen auf den Hersteller Unmengen an Retouren zu, die nicht selten zum Bankrott finanzschwacher Unternehmen führen können. Mancher Lizenznehmer steht dann vor dem Konkurs, umgekehrt gab es aber auch so manche vom Tellerwäscher-bis-zum-Millionär-Karriere.

Wie unterschiedlich Lizenzen beim Publikum ankommen, belegen die Beispiele „Alf" und „Batman". „Batman" war in den USA ein Riesenerfolg, in Deutschland dagegen lagen „Batman"-Produkte wie Blei im Regal. Alf wiederum war in Deutschland ein Phänomen, während er in anderen Ländern weniger hervorragend lief. Und damit ist auch klar, wer das Lizenzgeschäft besonders stark stimuliert hat – das Fernsehen. Am Anfang waren es die Mainzelmännchen. Wer heute die Geschichte des Merchandisings nachzeichnet, beginnt mit der Spurensuche am besten auf den Flohmärkten dieses Landes. Hier sind sie zu finden – die ersten Gottheiten des TV-Lizenzgeschäfts. Ob nun die quirligen Intervallgnome des ZDF oder die vielfachen Varianten von Wum und Wendelin, sie alle sind längst begehrte Sammelobjekte geworden. Nostalgie-Reliquien aus vergangenen Zeiten. Als das Merchandising Laufen lernte, da lauteten die ersten Worte „Gu´n aahmt.." und „Thooelke". 1963 hatten die ZDF-Wichte ihren ersten Auftritt. Schon im Jahr nach ihrer Premiere initiierten die ZDF-Oberen ein massives Merchandising, nicht jedoch mit ihrem kaum geläufigen TV-Signet, sondern mit den überaus beliebten Mainzelmännchen.

Bei dieser Zweitverwertung der Pausenzwerge schielten die Verantwortlichen allerdings nicht auf zusätzliche Lizenzgebühren, sondern sahen die Chance, mittels der populären Intervallstars Werbung für den Sender zu machen. Folglich verlangten die Lerchenberger, alle Mainzelmännchen-Lizenzprodukte zusätzlich mit den drei Buchstaben und dem ZDF-Logo zu marken. Die Lizenzeinnahmen waren eher Abfallprodukte.

Auch bei den privaten TV-Sendern, die in den 80er-Jahren entstanden, war das Lizenzgeschäft nur ein Mittel, um den jungen Sendern verstärkte Aufmerksamkeit zu sichern. Geld war in den Gründungsjahren nicht zu verdienen, denn mangels Reichweite und Bekanntheitsgrad waren die Privaten schon dankbar, wenn ein Lizenznehmer bereit war, das wirtschaftliche Produktionsrisiko zu tragen.

Erst mit wachsender Reichweite zeichnete sich ab, dass das Lizenzgeschäft neben der Werbewirkung auch Gewinne abwarf. Das sattsam bekannte Buch, die CD und der Plüsch zum Film oder zur Serie wurden in Trailern präsentiert. Von der Zuschauerreise bis zur Kommissar-Rex-Hundeversicherung, vom „ran"-Riesen bis zur SAT.1-Kreditkarte – nichts, was die Sender nicht „gemarkt" und vermarktet hätten.

Einen Wendepunkt gab es in den 80er-Jahren auch bei manchem Markenartikler. So pushten Markenartikler ganz neue Marken – durchaus erfolgreich. Hinter Joop-Jeans steckt bekanntlich Mustang. Und wer Camel-Boots kauft, darf auf meilenweit getestete Salamander-Qualität hoffen. Geradezu kometenhaft entwickelten sich die so genannten Designerdüfte – von Boss bis zu Jil Sander, von Davidoff bis Calvin Klein.

Die Lizenzgeber traten dabei mit unterschiedlichen Strategien auf. Als Meister der konsequentesten Lizenzierungsstrategie gilt Pierre Cardin. Der Maître stellt selbst nichts her, sondern vergibt nur Lizenzen. Allerdings entwickelt er Prototypen und damit Vorgaben. Der Umsatz mit Pierre-Cardin-Produkten beträgt rund 8 Milliarden Mark im Jahr. In Deutschland gilt Wolfgang Joop als genialster Vermarkter. Falke strickt die Strümpfe, Windsor produziert die Männeroberbekleidung und Lancaster liefert das Parfum. Von Goldpfeil stammen die Lederwaren, von Junghans die Uhren. Alles auf Lizenz. Weitere Vertreter einer ausschließlichen Lizenzierungsstrategie sind Otto Kern, Donna Karan und Calvin Klein.

Für eine Nebenlinienlizenzierung stehen Firmen wie Bernd Berger, Esprit, Toni Gard oder Mexx. Der Kernbereich der Marke wird dabei in Eigenreige geführt, während Nebenlinien über Lizenzen vergeben werden. Bettwäsche oder Parfum werden dann nicht selbst hergestellt, sondern lizenziert.

Daneben gibt es eine bewusste Nichtlizenzierungsstrategie. Das heißt, alle Produkte werden in Eigenregie bearbeitet. In Deutschland trifft das auf Escada zu oder die derzeit populäre „Diddl Maus".

Natürlich sind auch Prominente aus Show und Unterhaltung lizenztauglich. Man denke an Marilyn Monroe oder James Dean. Wer diesen Namen nutzt, muss an die Erben Lizenzgebühren zahlen. Als Einzige gingen bislang Politiker leer aus. Sie werden gerne von der Werbebranche in Kampagnen eingesetzt, wenn es darum geht, auf aktuelle Ereignisse zu reagieren: Politskandale oder Steuererhöhungen. In der Regel werden die Politiker nicht gefragt, allerdings stehen den werbenden Firmen sofort Unterlassungserklärungen ins Haus, denn Politiker wollen nicht ungefragt auf Plakaten oder in Spots eingesetzt werden. Ein Schaden entsteht den Firmen in der Regel kaum. Da Politiker nicht werben dürfen, haben sie insofern auch keinen Marktwert, der erstattet werden müsste.

Doch bei einem Politiker hatte der Ölkonzern Conoco Pech. Man hatte mit Oskar Lafontaine nach dessen Rücktritt geworben. Da er in diesem Augenblick bereits Privatperson war, hätte er seinen Anspruch vor Gericht durchsetzen können. Es kam zum Vergleich. Man munkelt, Lafontaine habe 100.000 Mark erhalten – noch günstig, wenn man den Medienrummel um die Anzeige bedenkt.

177/1

177/2

177/1
Wir machen Marken.
SAT.1. SatellitenFernsehen GmbH, Berlin. Anzeige, 2000.

177/2
Camel Boots Action!
WBI, Köln. Anzeige,
90er-Jahre.

Uwe Deese
Ein Event-Veteran erzählt:
Die Leute wollen, dass was passiert ...

Die Zeiten haben sich mal wieder geändert: Werbung findet heute meistens entweder dann statt, wenn eine für die werbende Industrie irgendwie zu alte Zielgruppe hungrig oder blasenschwach an den Kühlschrank oder auf die Toilette geht oder wenn zighunderttausend hochmotivierte Kids bei einer Massenveranstaltung an lieblos, aber kamera-affin platzierten Bannern einer Marke achtlos vorbeitanzen. Irgendwo zwischen diesen Welten aus TV-Werbung und Veranstaltungssponsoring liegt das Ereignis versteckt: Das Event, in der Werbe- und Unterhaltungswelt auch gerne als der Event zu ungeahnter Größe hochstilisiert. Uwe Deese, Markeneventveteran der ersten Stunde, versucht hier zu erklären, warum Events das letzte Instrumentarium der Industrie sind, wirklich nachhaltig Werbegeschichte zu schreiben.

Starten wir im Jetzt, im Zeitgeist, in der Wiederentdeckung der deutschen Sprache, starten wir mit einem Zitat der Hamburger Rapper 5-Sterne-De-Luxe, die diesem kleinen Essay ihre Überschrift borgen: „Die Leute wollen, dass was passiert, die Leute wollen, dass was passiert, die Leute wollen das krass serviert." Seit den Zeiten, als das Eventmarketing seine erste Hochblüte erfuhr, und das ist im Jahr 2000 gerade erst einmal zehn Jahre her, werden Events nicht mehr als nette, lustige Veranstaltungen zur Hipness-Abrundung einer Marke verstanden, die mit jungen Zielgruppen kommunizieren möchte, die Werbung selbst definiert sich heute gerne als Event.

Doch was ist ein Event überhaupt? Das neudeutsche Wort für Fest, Feier, Fete, Veranstaltung, Party? Oder, ohne hiermit in Dictionaries für Oxford-Eleven blättern zu müssen, ein Ereignis für jedermann im klassisch übersetzten Sinne des Begriffs? Sicherlich musste dieser Begriff einerseits herhalten, weil das Marketing-Kauderwelsch der Jetztzeit in Anglizismen schwelgt, andererseits wurde es bis in den letzten Kindergeburtstag heruntergedekliniert, weil wir Deutschen uns früher (noch vor 10 Jahren) extrem schwer taten, Ereignisse zu feiern, die unseren irgendwie latenten Hochkulturanspruch auch nur ansatzweise befriedigen konnten. Das hat sich, ich bin versucht zu sagen, Gott sei Dank, spätestens mit der Zulassung privater Medien in diesem Land geändert.

Während meiner Ausbildung zum Journalisten bei den Dortmunder Ruhr-Nachrichten formulierte unser damaliger Verleger Lensing-Wolf das in den frühen Achtzigern nicht nur für mich unverständliche Credo, dass sich jeder Leser dieser Regionalzeitung einmal in seinem Leben in eben jenem Blatt wiederfinden müsse. Er strich daraufhin zum Missfallen der Redakteure den Bezug nationaler und internationaler Nachrichtendienste. Bis auf dpa blieben uns plötzlich alle Quellen der großen weiten Welt versagt. Der Karnickelzüchter, der Ruhrgebietskarnevalist mit dem Mettwurstorden und der Mittelstürmer des SC 97/08 standen plötzlich statt Herbert Wehner, den Sex Pistols oder Muhammed Ali im Mittelpunkt des Interesses.

Entweder durch Weitsicht oder westfälische Sparsamkeit geprägt, nahm dieser Verleger den wohl wichtigsten Trend der Kommunikation, der Werbung, der Unterhaltung, vorweg: das 1-2-1-Marketing.

Eins-zu-eins-Marketing meint, dass Kommunikation es nicht mehr schafft, unüberschaubare Zielgruppen, und für Produkte wie Tageszeitungen, Schokoriegel oder Glühbirnen ist vorab erst einmal jeder Mensch Zielgruppe, zum Kauf eines bestimmten Produktes zu verführen.

Hier nun kommt parallel zum Siegeszug von privatem Funk und TV sowie der Etablie-

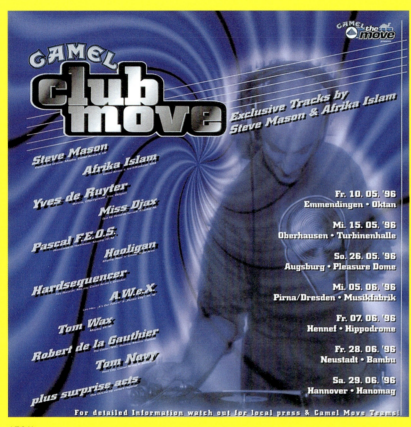

179/1

179/2

179/3

179/4

179/1-4
„Camel Airave 3" und
„Camel club move".
Plattencover, Anzeige
und Eintrittskarte von
Veranstaltungen 1996.

rung des Internets zur Mitte der 90er-Jahre dem Event eine ganz besondere Bedeutung zu. Obwohl grob geschätzt mehr als 90 Prozent der werbenden Industrie aus Gründen der Bequemlichkeit und der daraus resultierenden Ignoranz eines atomisierten Konsumentenmarktes immer noch mehr als 90 Prozent ihres Werbebudgets in Streuverlust reicher TV-Werbung investiert, so erkannten doch Agenturen und auch die Medien, dass nicht die Werbung, sondern der Konsument das Event ist.

Der pro-aktive Konsument, der so genannte Prosument, schreit eitel und völlig zurecht heraus: „L'event c'est moi." Und diesen Anspruch gilt es zu befriedigen.

Traditionell befriedigten Szenegötter und deren Multiplikatoren, heute Opinionleader bzw. Early Adopters genannt, kleine Szenen (Mikrokosmen) mit peergroup-affiner, also relevanter Unterhaltung. Nehmen wir als Beispiel die Love Parade, die 1989 mit einem kleinen Zug hinter einem TÜV-fälligen VW-Bus auf dem Ku'damm startete und heute zu einem Massenspektakel mutiert ist, in dem Sixpack-bewaffnete Normalos aus aller Herren Länder von den immer gleichen Gründer-DJs altenherrenfußballgleich zu Ritualen aus längst vergangener Zeit motiviert werden. Bei diesem wohl größten Musik-Event der westlichen Hemisphäre stehen die gleichen Sponsoren Spalier, die Deutsche Tourenwagen Meisterschaften, die Gewichtheberbundesliga und Kampfsauf-Competitions in Großraumdiskotheken sponsern.

Das ist völlig o.k., denn ohne diese Banalisierung einer ganz spezifischen Spaßgesellschaft-in-der-Gesellschaft, die uns beibrachte, dass eine gute Party freitags startet und Montagsmorgen wieder aufhört, wäre der zur letzten Dekadenwende losgetretene Drang nach „mehr Spaß, mehr Innovation, mehr Event" wohlmöglich längst gestoppt worden.

Hier mischt heute die Industrie wieder einmal nur noch als unbeteiligter Geldgeber (Cash Burner) mit, setzt keine Signale mehr, wie es Camel einst mit der Camel-Move-Kampagne und dem Camel Airave tat. Das Kapital wurde gezwungen, sich neue Abspielmöglichkeiten außerhalb der angeblich so pflegeleichten, leicht manipulierbaren Generation Techno für's 1-2-1-Marketing zu suchen.

Und die wahren Events, und Events sind im Sinne des werbenden Erfinders Werbebotschaften vermittelnde Ereignisse, die mittlerweile parallel in den Medien via Werbung und PR, am Point of Sale (also im Supermarkt), am Point of Consumption (z.B. in Diskos), im Internet und natürlich bei öffentlichkeitswirksamen Veranstaltungen stattfinden, passieren heute nicht mehr auf der Love Parade.

Ein Prozess aus permanenter Befruchtung von Menschen, Marken und Medien ist heute zu beobachten. Natürlich ist es einerseits immer noch so, dass im so genannten „Trainingslager" in einem Minivenue auf der Hamburger Reeperbahn die Rapper von morgen an Zitaten trainieren, die dann von Werbern wie mir übernommen werden, andererseits schläft auch die Unterhaltungsindustrie in Zeiten, wo es keinen Mainstream wie Rock, Techno, Streetball oder Streetwear mehr gibt, nicht mehr den Schlaf des Gerechten.

So wie der Camel Airave oder der adidas Streetball Challenge Szeneleute partiell inspirierte, mobile Raves (Rave & Cruise) oder Streetsportsevent (von Beach Soccer bis zu sicherlich existentem Unsinn wie Beach Diskuswerfen) zu kreieren, so zwingen die Konsumenten von heute sowohl Marken als auch Macher, auf die kommunikativ vernetzte, also blitzschnelle Welt zu reagieren.

Kaum zieht sich die brave Silke aus Sindelfingen in ihrer eigenen Website unter der Showercam aus, folgt aus Holland Big Brother. Auf das absolut authentische Rappertrainingslager (ist Rap in Deutschland authentisch? Und wenn nein, wen interessiert das?), startet irgendein RTL-Ableger in Tradition von Gute Zeiten Schlechte Zeiten (GZSZ) den TV-begleiteten Wettbewerb für Nachwuchsmusiker, die auch schon vergebens am Varta-Lufthansa- und was-weiß-ich-Nachwuchswettbewerb teilgenommen haben. Den 24-Stunden-Einblick in dieses nun wirklich langweilige Medienevent erlaubt die Webcam für RTL New Media.

Was will ich sagen? Events sind einerseits längst keine niedlichen Aktivitäten lustiger Agenturen mehr, das ganze Leben ist mittlerweile – frei nach Hape Kerkeling – ein Quiz: Startend mit der Extreme Cooking Show von Bio und auf VOX, vom Action Reading eines Stuckrad-Barre, der eigentlich „nur" noch der nette L'event-pour-l'event-Literat frei nach dem Gonzojournalismus eines Hunter Thompson ist, über wir-machen's-jedem-Recht-Rockfestivals mit Halfpipe, Kunstschneerampe, Comedy und Slam-Poetry-Bühne bis zur ersten Single von Zladdi & Jürgen. Irgendwie erinnert der Querschnitt dieser Aktivitäten, die zudem von Handelsketten und Badischen Beamtenbanken auch noch wahllos miteinander vermixt werden, an eine Kirmes, bei der noch junge Leute zum Mitreisen gesucht werden.

Dieses Cross-over aus guten Ideen verschiedenster Hirnrinden ist keineswegs hipper oder authentischer als Mallorca, DJ Ötzi oder das ein Riesen-Revival feiernde Oktoberfest. Letzteres wird, darauf wette ich ein hippes Szenebier aus Kambodscha, länger überleben als der x-te-DJ-Contest einer saarländischen Biermarke. Überleben werden gute, einfache Ideen und englische Eventgenies, die die nimmersatten Wünsche partywilliger Generationen auf Inseln wie Ibiza oder Zypern projizieren.

Nur was eventtechnisch in den Köpfen der spitzen (du) und der erweiterten Zielgruppen (du und deine etwas uncooleren Bekannten) überlebt, hat zudem weit reichende werbliche Wirkung auf Konsumenten. Du erinnerst dich noch an den Ersten adidas Streetball Challenge, an den Camel Airave und die Pushin X-Perience? Erinnerst du dich auch noch an die TV/Kino-Spots oder die Printanzeigen dieser Marken aus jener Zeit? Natürlich nicht, denn originäre Events, die nicht das Resultat x-beliebiger Jugendstudien sind, sondern von genre- und bedürfnisrelevanten Leuten, die nicht auf jeden Partybummelzug springen, konzipiert werden, machen den Unterschied aus. Sie schaffen Markenruhm für die Ewigkeit.

Beenden wir daher diesen durchaus Event bejahenden Aufsatz mit dem Statement einer anderen Rap-Crew: „….und wenn Ihr nicht dabei seid, dann herzliches Beileid" (Fishmob).

Werbekult

BOSS
HUGO BOSS

RED PERRY

NIKE

Red Bull

Norbert Bolz
Cargo-Kult und Werbe-Opfer
Was Religion, Gesellschaft und Konsum zusammenhält

„Virtual Reality", Telepräsenz und Cyberspace sind Techniken einer Visualisierung des Immateriellen und Ungegenwärtigen. Hier macht sich ein ungegenständliches Genießen fest. Es geht uns nicht mehr um Zweck und Funktion, sondern um Erlebnis und Emotion. Solche Bedürfnisse und Erwartungen lassen sich nicht mehr mit herkömmlichen Verbrauchsgütern erfüllen. Was heute auf dem Markt Aufmerksamkeit finden will, muss geistig angereichert sein – sei es durch smarte Mikrochips, sei es durch „Emotional Design". Der postmoderne Markt ist auf einen „zerebralisierten Konsum" (Arnold Gehlen) ausgerichtet. Es geht um Kopfgenüsse. Kurz: Das Marketing muss auf der Klaviatur des Zentralnervensystems spielen können.

Konsum hat – zumindest in der westlichen Welt – längst nicht mehr nur mit Bedürfnisbefriedigung zu tun, sondern ist das Medium dessen, was schon Oscar Wilde „Self-Culture" genannt hat. Nur so erklären sich die charakteristischen Eigenschaften des postmodernen Konsumverhaltens. Man kann seit Jahren eine Doppelcodierung des Konsums beobachten: Preisbewusster Discountkauf von Grundnahrungsmitteln und gleichzeitig erlebnisbewusster Boutiquekauf ohne Preislimit. Konsum findet für ein und denselben Menschen in verschiedenen Registern statt. Dadurch wird der Konsum „reflexiv", das heißt, er bezieht sich auf sich selbst: Wir konsumieren nicht nur Güter, sondern wir konsumieren gleichzeitig auch das Konsumieren. Solche raffinierten, paradoxen Bedürfnisse fordern Produkte, die sich im Geist des Kunden formen. Wenn eine bestimmte Schwelle zivilisatorischer Sättigung überschritten ist, spielt sich alles Entscheidende nur noch im Kopf ab: eben Zerebralkonsum.

Dieser neue ungegenständliche Konsum orientiert sich an „Intangibles", also an Qualitäten, die sich nicht mit Händen greifen lassen, sondern geistiger Art sind. Deshalb ist es wichtig, die Produkte nicht mehr als Dinge, sondern als Persönlichkeiten zu begreifen. Ob man Pepsi- oder Coca Cola trinkt, ist keine Frage der Geschmacksnerven, sondern des Weltbildes, das der Videoclip der weltumspannenden Werbekampagne entwirft. „Emotional Design" bietet Patterns an, mit denen die Konsumenten ihre Gefühle modellieren können – genau das tun Hollywood-Filme bereits seit Jahr und Tag. Marketing als Kommunikationsdesign formt die Erlebnisse im Medium des Konsums. Gestaltet werden nicht mehr Gebrauchsgegenstände, sondern Beziehungsmuster.

Prinzipiell gilt ja: Design steigert die Lesbarkeit der Welt. Doch das erreicht man heute nicht mehr, indem man „sachlich" versucht, Formen an Funktionen abzulesen. Es war das Genie Nicolas Hayeks, mit dem Kultobjekt Swatch ein reines Gefühlsprodukt auf den Markt zu bringen, als durch die Quarztechnologie alte Sachlichkeits- und Funktionalismusstandards hinfällig wurden. Überhaupt löst sich die Aufgabe des Designers immer mehr von konkreter Gegenständlichkeit ab. An die Stelle des Objektdesigns tritt zunehmend das Design von Wahrnehmung und Lebensstil. Der französische Philosoph Paul Virilio spricht in diesem Zusammenhang von einem „Metadesign der Sitten".

Als Kommunikationsdesign zielt das moderne Marketing nicht mehr auf das Bewusstsein, sondern vielmehr auf dessen Immunsystem: die Gefühle. Emotionen entsprechen Verhaltensmustern und werden in gewisser Weise erlernt. Deshalb ist es möglich, Gefühle zu modellieren.

„Emotional Design" gestaltet Gefühlsmuster. Hierbei können Marketingmanager etwas Entscheidendes von Kulturhistorikern lernen.

In der archaischen Welt, an der Schwelle der abendländischen Zivilisation, entstanden die Gefühle nicht spontan im Menschen, sondern wurden ihm von den Göttern aufgeprägt. Heute könnten wir ganz analog sagen: Die Gefühle werden uns von den Gütern und den Medien aufgeprägt.

Doch wie können Güter an die Stelle von Göttern treten? Von den Ethnologen kann man lernen, dass für den Totemkult primitiver Gesellschaften das Göttliche in den Dingen des Alltags vorhanden war. „Qualitäten sind Götter", könnte man sagen. Von den Alltagsgegenständen unterscheidet sich das Totem aber durch seine Eigenschaft, als faszinierendes Bild zu wirken, das Gefühle an sich bindet; es ist ein Wappen. Und auch die Güter unserer Märkte tragen dieses Totemwappen nämlich das Markenzeichen oder das Logo. Es ist, wie es Emile Durkheim einmal sehr schön formuliert hat, „der sichtbare Körper Gottes".

Wir können vom Fetischismus noch ein Zweites lernen: Gefühle gelten nicht den Menschen, sondern den Dingen. In der sachlichen Welt der modernen Zivilisation gehen Emotionen ins Leere. Man könnte sagen: Wir leben in einem Vakuum der großen Gefühle. Und hier springt der postmoderne Konsum ein. „Emotional Design" besorgt den Transfer der „zwischenmenschlichen" Werte in die Dingwelt. Auf dem Schauplatz des Marktes treten Waren wie Personen auf. Man könnte auch sagen: Reklame funktioniert wie eine Allegorie.

Und ein Weiteres kommt hinzu. Seit der Revolution der Pop-Art kann man wissen: Gefühle zeigen ihre wahre Intensität nicht im Leben, sondern im Kino und im Konsum. So heißt es bei Andy Warhol in aller wünschenswerten Klarheit: „The movies make emotions look so strong and real, whereas when things really do happen to you, it's like watching television – you don't feel anything." So bieten uns heute die so genannten Themenwelten eine „surreale" Verdichtung des Erlebnisses: wirklicher als die Wirklichkeit. Wer wirklich etwas erleben will, sucht dieses Erlebnis eben nicht mehr in der empirischen, sondern in der virtuellen Realität. Die ist formbar und weniger störanfällig. Und wer tief fühlen will, der geht ins Kino. Die Kinder der Popkultur wissen heute, dass die Gefühle der Liebe und des Hasses in der Kinohöhle echter sind als im eigenen Schlafzimmer.

„Emotional Design" operiert nun genauso wie das Kino: Es präsentiert das Produkt als erotisches Ereignis. Damit können Menschenreize nicht mehr konkurrieren. Kino und Erlebniskonsum tauchen uns in eine Welt der virtuellen Ereignisse – alles andere, nämlich das Reale, ist zu gefährlich. Im Blick auf die Aufgabe des Marketings bringen wir das auf die Faustformel: Postmoderne Werbung ist objektlose Erregung. Das ist ganz einfach zu verstehen. Nur die Werbung und das große Kino schaffen noch Symbole, an denen wir unsere Affekte festmachen können. Mit anderen Worten: Werbung verschafft den objektlosen Emotionen einen Außenhalt; sie bietet Gefühlsformeln an. Und in diesem Sinne war schon die deutsche Romantik eine Art „Emotional Design". Man kann seine Aufgabe nicht prägnanter formulieren als mit den Worten Wackenroders: „Verdichten der im wirklichen Leben verloren umherirrenden Gefühle".

Cargo-Kult

Wenn man keine Ahnung vom Produktionsprozess hat, kann man die Güter als das Werk von Göttern verstehen – und Götter kann man durch Rituale manipulieren. Das gilt aber auch umgekehrt für die Black Box des Konsumenten. Der Kunde hat die undurchdringlichen Launen eines Gottes; man muss ihn durch Rituale manipulieren.

Das Ritual sichert den Glauben durch das, was der amerikanische Soziologe Talcott Parsons „Real Assets", wirkliche Güter, genannt hat – damit sind wir beim Cargo-Kult. Der Cargo-Kult nimmt wörtlich, was alle Religionen versprechen: Bei korrekter ritueller Performanz gewisse erwünschte Güter zu liefern. Und zwar ist Cargo nicht einfach die Ware, sondern zugleich auch Macht als eine Art Mehrwert der Ware.

Das Tausendjährige Reich stellen sich gewisse „primitive" Gesellschaften ganz konkret als die Ankunft von Schiffen und Flugzeugen vor, die mit fremden Waren beladen sind. Aber erinnern Sie sich nur einmal an die Bürger der DDR nach dem Fall der Mauer. Otto Schily hat damals in einer Fernsehdiskussion über Ursachen und Perspektiven der „Wende" stumm eine Banane auf den Tisch gelegt – konnte man deutlicher argumentieren?

Auch für die Menschen des Ostblocks ist das westliche Heil sehr konkret (gewesen); man wollte die D-Mark statt des „dritten Wegs". Der Anthropologe E. C. Jarvie resümiert diesen Cargo-Kult so: „The offer is not of spiritual joy in a mysterious life after death, but of material wealth in six weeks' time." Die Verheißung spricht nicht von geistigen Freuden in einem geheimnisvollen Leben nach dem Tod – sei's christlich, sei's sozialistisch –, sondern von materiellem Wohlstand in kürzester Zeit.

Hier können Marketingmanager wiederum sehr viel von den Ethnologen lernen. Sut Jhally, der diese Lektion als Erster verstanden hat, schreibt hierzu in Adbusters, dem Dekonstruktionsorgan von Marketing und Werbung: „Advertising creates a world in which goods come to play magical roles in our lives. Buying the right good can act as a sort of passport into a magical world of consumption and style." Zu Deutsch: Die Werbung schafft eine Welt, in der wir in magische Beziehung zu den Gütern treten. Indem man den richtigen Markenartikel kauft, hat man den Schlüssel zur magischen Welt von Mode und Lifestyle.

Die Welt des Marketing und der Werbung ist also nicht die Welt der Zwecke, Bedürfnisse und Rechnungen, sondern die Welt der Magie, des Totemismus und Fetischismus. Die Marke ist ein Totem-Emblem. So schreibt Peter York in der Financial Times (20./21.11.1993) über den Luxus der achtziger Jahre: „A luxury brand is one believed to confer magic status on its owners. Luxury brands, whatever their origins, are vigorously promoted names in the marketplace now. Their values are totemic ones; the name is everything." Kurz: Luxusmarken scheinen einen magischen Status zu verleihen. Der Wert dieser Marken ist totemistisch; alles, was zählt, ist der Name.

Was ist nun ein Totem? Die Anthropologen haben uns gezeigt, dass der Totem als Clan-Abzeichen und Wappen („Heraldic Badge") funktioniert. Totemismus ist eine Technik der Differenz und der Integration: Ein „Naming from without" befriedigt das Bedürfnis nach Unterscheidung. Und dies ist ja entscheidend, um sich auf dem Markt durchzusetzen. Das gilt sowohl für die Produzenten als auch für die Konsumenten. Nike ist nicht Reebok ist nicht Adidas. Man will nicht Turnschuhe kaufen, sondern einem Clan angehören. Und es ist keine Frage der Ergonomie, sondern in der Tat eine Glaubensfrage, ob man mit einem Tennisschläger von Wilson oder Prince spielt. Das erklärt auch die längst selbstverständlich gewordene Indiskretion, den Firmennamen oder das Logo deutlich sichtbar auf Textilien zu drucken. Ob man mit dem Lacoste-Krokodil oder dem Vereinsschal von Schalke 04 herumläuft, macht keinen Unterschied – außer eben den einen: verschiedenen Clans zuzugehören. Das Totem/die Brand markiert also gleichermaßen die Unterscheidung und die Zugehörigkeit zu einer Gemeinschaft. Nur so kann man Massenartikel an Individuen verkaufen. Nur so kann man anders sein und zugleich dazugehören.

Werbung und Marketing sind Opfer des Totem-Clans Firma an den Gott-Kunden, um ihn geneigt zu machen. Die Philosophin Susan K. Langer resümiert: „A deity is invoked by being pleased, either by service or flattery." Man muss dem Kunden dienen oder ihm schmeicheln – gerade auch mit dem Werbeaufwand, den man betreibt. Wenn sich der Chef darüber aufregt, dass die Werbeabteilung Unsummen verpulvert, ohne dass sich dies unmittelbar in Verkaufserfolg umsetzt, dann verkennt er den Opfercharakter des Werbeaufwands. Er muss lernen: Nur eine Opferhandlung macht die Gottheit geneigt.

Essen und Trinken hält Leib und Seele zusammen, sagt man zu Recht. Und man kann noch mehr sagen: Genau hier entsteht Gemeinschaft als die der Kommensalen. Die heilige Kommunion und das Abendmahl erinnern daran – eben als Totemmahlzeit. Der Totem ist das Ma(h)l der sozialen Verpflichtung – das soziale Band. Den engen Zusammenhang von Religion, Gesellschaft und Konsum hat man schon vor hundert Jahren klar erkannt – im Blick auf so genannte primitive Gesellschaften. Ich will hier nur drei der bedeutendsten Stimmen zitieren. Der Anthropologe Frazer bemerkt: „The totem bond is stronger than the bond of blood or family in the modern sense." Die Verbindung des Totems ist stärker als die Familienbande oder die Blutsverwandtschaft. Ganz in diesem Sinne hat der Soziologe Ferdinand Tönnies den Clan als „Familie vor der Familie" charakterisiert. Und der Psychoanalytiker Sigmund Freud definiert das Totem als „einen magischen Produktions- und Konsumverein". Unsere These lautet hier: Eben dieses vorgeschichtliche Co-operative Magic einer rituell-kultischen Koppelung von Produktion und Konsum will das Marketing der Nachgeschichte wiederherstellen.

Autoren

Volker Albus
geboren 1949 in Frankfurt am Main. Architekturstudium an der RWTH Aachen. Seit 1976 als freiberuflicher Architekt tätig. Seit 1982 Entwurf von Einrichtungsobjekten und Ausstellungskonzepten. Publikationen: zahlreiche Essays und Bücher u.a. „Kauf mich! – Prominente als Message und Markenartikel" (Köln 1999). Seit 1994 Professor für Produktdesign an der Staatlichen Hochschule für Gestaltung in Karlsruhe.

Helmut M. Bien
geboren 1957 in Moers/Niederrhein. Studium der Philosophie und Pädagogik an der FU Berlin. Seit 1976 journalistisch tätig für Tageszeitungen, Zeitschriften und den Hörfunk. Seit 1987 Ausstellungsprojekte: u.a. „Die Reise nach Berlin" (Hamburger Bahnhof 1987). Kuratierte in den 90er-Jahren zahlreiche Ausstellungen zu Themen aus Alltagskultur, Design und Werbung wie „50 Jahre Werbung in Deutschland".

Norbert Bolz
geboren 1953 in Ludwigshafen. Philosoph, Medientheoretiker und Autor zahlreicher Publikationen: u.a. „Kult-Marketing. Die Neuen Götter des Marktes" (Düsseldorf 1995). Professor am Institut für Kunst- und Designwissenschaften der Gesamthochschule Essen. Gilt als führender Trendanalytiker.

Uwe Deese
geboren 1961. Musik-, Real-Life- und Filmredakteur für die verschiedensten Medien, außerdem Eventveranstalter im Ruhrgebiet. 1990 zusammen mit Manu Andel Gründung der Event-Agentur megacult, Köln/Hamburg die u.a. Eventkampagnen wie WEST Stagediving Weltmeisterschaft, 10-Jahre-CD (1992 mit u.a. Fanta 4), Camel Airave, Mount Ico, Ritmo de Bacardi, AXE Bodyspray Championships oder VIPS-Go-DJ (amazon.de) konzipierte und realisierte.

Frank Feldmann
geboren 1966 in Jever. Stellvertretender Geschäftsführer der Agentur Octagon Birkholz + Jedlicki GmbH in Frankfurt am Main. U.a. verantwortlich für Sportsponsoring-Aktivitäten der Adam Opel AG. Zusammen mit dem Kunden Opel entwickelte die Agentur ein integriertes Kommunikationskonzept, das Sport als Instrument der Markenpositionierung und -profilierung definiert.

Bertold Bodo Flaig
geboren 1948 in Karlsruhe. Diplom-Psychologe. Geschäftsführer von Sinus Sociovision in Heidelberg. An der Entwicklung und Anwendung der Sinus-Milieus in den letzten 20 Jahren maßgeblich beteiligt.

Werner Gaede
geboren 1926 in Hamburg. Studium der Publizistik, Theaterwissenschaft und Germanistik an der FU Berlin, Abschluss Promotion. Arbeitete in der Werbung, u.a. für den Stern, die Agenturen Lintas und McCann, Hamburg. Professor an der Hochschule der Künste Berlin im Fachbereich Wirtschafts- und Gesellschafts-Kommunikation. Seit seiner Emeritierung Vorbereitung einer Enzyklopädie kreativer Werbung, die 2001 erscheinen wird.

Walter Grasskamp
geboren 1950. Seit 1975 tätig als Kunstkritiker für Zeitschriften, Tageszeitungen und Rundfunkanstalten. 1995 Ordinarius für Kunstgeschichte an der Akademie der Bildenden Künste in München. Publikationen: u.a. „Die unästhetische Demokratie. Kunst in der Marktgesellschaft" (München 1992) sowie „Kunst und Geld. Szenen einer Mischehe" (München 1998).

Rolf Grimm
geboren 1936 in Schmalkalden. Studium der Volkswirtschaft und Publizistik an der FU Berlin. Nach Erfahrungen in der Marktforschung bei EMNID, Bielefeld, DIVO, Frankfurt und J.W. Thompson, ab 1967 bei Gruner + Jahr, Hamburg. Als Anzeigenleiter des Stern Aufbau der Marketing Services. Bis 1999 Mitglied der Verlagsleitung Stern. Seitdem freiberuflicher Medienberater und Lehrtätigkeiten.

Peter Hoenisch
geboren 1934. Langjährige Tätigkeit für Sony Deutschland. Zu dieser Zeit förderte er die Videokunst und verhalf der Marke zum "Kultstatus". Wechsel zu RTL und Aufbau des Privatsendes durch PR und Öffentlichkeitsarbeit zur Marke. Organisation der Ausstellung „Der Traum vom Sehen" im Gasometer Oberhausen 1997. Heute Kommunikationsberater in Bonn.

Werner Kroeber-Riel
1934 - 1994. Pionier der Werbewirkungsforschung in Deutschland. Zahlreiche Lehrbücher zum Thema. Leiter des Instituts für Konsum- und Verhaltensforschung an der Universität des Saarlandes, Saarbrücken. Eines seiner Standardwerke: „Bildkommunikation – Imagerystrategien für die Werbung" (Saarbrücken 1993).

Lothar S. Leonhard
geboren 1942 in Dresden, lebte dort bis zu seinem 14. Lebensjahr und beendete nach der Flucht in den Westen seine Schulzeit in Köln. Ausbildung zum Werbekaufmann. Seit 1976 bei Ogilvy, Frankfurt. Seit 1990 Chairman der deutschen Ogilvy-Gruppe und Mitglied des weltweiten Ogilvy-Boards. Seit 1992 Vorstandsmitglied des GWA (Gesamtverband Werbeagenturen). Seit 1996 dessen Präsident. Vizepräsident des ZAW (Zentralverband der deutschen Werbewirtschaft) sowie Mitglied im deutschen Werberat. Zahlreiche Publikationen.

Antonella Mei-Pochtler
geboren und aufgewachsen in Rom. Studium der Wirtschaftswissenschaften an der Ludwig-Maximilians-Universität München und an der Università degli Studi in Rom. MBA des INSEAD, Fontainebleau. Dean's List Award. Seit 1984 bei der Boston Consulting Group, seit 1990 als Partner und seit 1998 als Senior Vice President. Leiterin des Wiener Büros. Weltweit für das Thema Brand Management verantwortlich.

Bernd M. Michael
geboren 1946 in Dresden. Begann 1966 als Junior-Kontakter bei der Werbeagentur Grey, Düsseldorf. 1972 Geschäftsführer Markenberatung. 1982 Managing Partner und CEO Grey Gruppe Deutschland. Seit 1985 Aufbau der Region Middle Europe für das internationale Agenturnetz. Chairman und CEO Grey Europe, Middle East & Africa. 1993 „Manager des Jahres". Experte für Marken-Kommunikation.

Michael Mosch
geboren 1963 in Wiesbaden. Studium der Rechtswissenschaften in Mainz. Als freier Journalist Veröffentlichungen u.a. in den Medien Stern, Focus, Rheinischer Merkur, FAZ und Horizont, hier mit dem Schwerpunkt Merchandising und Drittkooperationsgeschäfte. Heute für Unternehmen freiberuflich als Kommunikationsberater tätig. Arbeitete u.a. für SAT.1, VIVA, Paramount Home Entertainment, Bank GiroTel, Nemetschek AG, Procter & Gamble, youwant.com, Team Communications.

Othmar Severin
Frankfurt am Main und Venedig. Karrierestart bei McCann als Leiter der TV-Gestaltung und Produktion. Danach bei Young & Rubicam und bei Leo Burnett. Seit 1978 selbstständig als Creative Consultant. Gründungsmitglied des Art Directors Club für Deutschland. Langjähriges Vorstandsmitglied und Präsident. Pionier der TV-Werbung in Deutschland.

Simone Tippach-Schneider
geboren 1962 in Warnemünde. Werbemittelherstellerin, Werbeökonomin und Dipl. Kulturwissenschaftlerin. Doktorandin an der Hochschule der Künste Berlin. Seit 1996 freie Autorin und wissenschaftliche Mitarbeiterin für Buch- und Ausstellungsprojekte. Publikationen zur Werbegeschichte: „Messemännchen und Minol-Pirol. Werbung in der DDR" (Berlin 1999).

Dank

Die Realisierung der Ausstellung und der begleitenden Werbemaßnahmen wurden ermöglicht durch die freundliche Unterstützung von:

aisen GmbH, Berlin

Appel Grafik, Berlin

Deutsche Städte-Medien GmbH, Frankfurt am Main

Deutsches Rundfunkarchiv, Standort Babelsberg

Deutsches Werbemuseum e.V., Frankfurt am Main

GfK Marktforschung GmbH, Nürnberg und Haßloch

IMAS International, Gesellschaft für Internationale Marktanalyse m.b.H., München

Arwed Messmer, Berlin

Scholz & Friends Berlin

SFB Werbung GmbH, Berlin

Sinus Sociovision GmbH, Paris und Heidelberg

stern, Gruner + Jahr AG & Co., Hamburg

Ströer, Out-of-Home Media GmbH, Köln

Leihgeber

Folgende Privatpersonen und Firmen haben die Ausstellung und die Recherchen mit Leihgaben, Ausstellungs- und Informationsmaterial unterstützt:

ADC, Art Directors Club für Deutschland e.V., Frankfurt am Main

Uwe Anders, Berlin

Christiane Appel, Brühl

arte Deutschland TV GmbH, Baden-Baden

Balbo Marketing & Communication, München
Benetton Group S.p.A.

Helmut M. Bien, Ingelheim am Rhein

Brit Böhme, Berlin

British American Tobacco GmbH, Hamburg

CEMCO Vertriebsgesellschaft mbH, Berlin

Cosmetic Dr. Doerr GmbH & Co. KG, Dresden

Deutsche Post AG, Bonn

Deutsche Städte-Medien GmbH, Frankfurt am Main

Deutsche Telekom AG, Bonn

Deutsches Rundfunkarchiv, Standort Babelsberg

Deutsches Werbemuseum e.V., Frankfurt am Main

Dokumentationszentrum Alltagskultur der DDR e.V., Eisenhüttenstadt

Florena Cosmetik GmbH, Waldheim

GfK Marktforschung GmbH, Nürnberg und Haßloch

Ulrich Giersch, Berlin

Richard Grübling, Frankfurt am Main

GWA, Gesamtverband Werbeagenturen, Bonn

Heymann & Schnell Werbeagentur AG, Berlin

Felix Hock, Berlin

HypoVereinsbank AG, München

IMAS International, Gesellschaft für Internationale Marktanalyse m.b.H., München

JT International Germany GmbH, Köln

Karstadt Warenhaus AG, Essen

Komsumverband eG, Berlin

Kraft Jacobs Suchard GmbH & Co. KG, Bremen

Kreutz & Partner, Berlin

Lowe & Partners, Frankfurt am Main

megacult GmbH, Köln

Michael Mosch, Wiesbaden

Nestlé Erzeugnisse GmbH, Frankfurt am Main

Niederländisches Büro für Milcherzeugnisse, Aachen

Octagon Birkholz + Jedlicki GmbH, Frankfurt am Main

Ogilvy & Mather, Frankfurt am Main

Adam Opel AG, Rüsselsheim

Philip Morris GmbH, München

PPM Pole Position Merchandising GmbH, Dierdorf

Procter & Gamble GmbH, Schwalbach

Salamander AG, Kornwestheim

SAT.1, Berlin

Scholz & Friends Berlin

Othmar Severin, Frankfurt am Main

SFB Werbung GmbH, Berlin

Sinus Sociovision GmbH, Paris und Heidelberg

Margarete Steiff GmbH, Giengen

stern, Gruner + Jahr AG & Co., Hamburg

Tchibo Frisch-Röst-Kaffee GmbH, Hamburg

Union Deutsche Lebensmittelwerke GmbH, Hamburg

United Labels AG, Münster

Verlag Franz Vahlen, München

Verwaltungsgesellschaft Lotto und Toto Mecklenburg-Vorpommern mbH, Rostock

Wittol Chemie GmbH, Wittenberg

Udo Zyber, Köln

Bildnachweis

Balbo Marketing & Communication, München
Benetton Group S.p.A.
43/1, 43/2

Deutsche Post AG, Bonn
94/1, 94/2, 97/1, 97/2, 98/1, 98/2, 99/1, 99/2, 101/1-3, 102/1-4, 104/1, 104/2, 105/1

Deutsche Telekom AG, Bonn
79/1, 81/1, 82/1, 83/1, 83/2, 85/1-3, 86/1, 86/2, 89/1, 90/1, 90/2

Werner Gaede, Berlin
118/1, 119/1, 119/2, 120/1, 120/2, 121/1, 122/1, 122/2, 123/1, 124/1, 125/1, 126/1

Grey GmbH & Co. KG Werbeagentur, Düsseldorf
57/1, 57/2, 58/1, 58/2, 59/1, 59/2, 60/1. 61/1, 62/1, 63/1

JT International Germany GmbH, Köln
35/2, 160/1

Lowe & Partners, Frankfurt am Main
73/1, 73/2, 74/1, 74/2, 76/1

megacult GmbH, Köln
179/1-4

Arwed Messmer, Berlin
108/1, 108/2, 109/1, 109/2, 110/1, 110/2, 111/1, 111/2

Michael Mosch, Wiesbaden
171/1, 172/1-3, 174/2, 177/1, 177/2

Museum für Kommunikation Frankfurt
36/3, 174/1

Octagon Birkholz + Jedlicki GmbH, Frankfurt am Main
147/1, 163/1, 164/1, 164/2, 165/1, 166/1, 167/1, 168/1, 169/1

Ogilvy & Mather, Frankfurt am Main
151/1, 151/2

Philip Morris GmbH, München
41/2

Salamander AG, Kornwestheim
156/3

Scholz & Friends Berlin
146/1

Sinus Sociovision GmbH, Heidelberg
67/1, 68/1, 70/1

Stern-Bibliothek, aus: 6.000 Anzeigen - Copytests im Stern, Gruner + Jahr, Hamburg, 1994:
133/1, 133/2, 134/1, 134/2, 136/1, 136/2, 137/1, 137/2

Westermann Kommunikation, Ingelheim am Rhein
29/1, 29/2, 30/1, 30/2, 31/1, 31/2, 32/1-5, 33/1, 34/1, 35/1, 35/3, 36/1, 36/2, 37/1-4, 38/1-3, 41/1, 41/3, 47/1-4, 48/1-3, 50/1, 50/2, 51/1, 51/2, 52/1-4, 114/1-3, 115/1, 116/1-3, 149/1, 149/2, 152/1, 154/1, 154/2, 155/1, 156/1, 156/2, 159/1

Textnachweis

Werner Kroeber-Riel: Bilder sind schnelle Schüsse ins Gehirn. Auszug aus: Kroeber-Riel, Werner: Bildkommunikation. Imagerystrategien für die Werbung. München 1996, S. 44 ff. Mit freundlicher Genehmigung des Franz Vahlen Verlages, München.

Volker Albus: Kauf mich! – Prominente in der Werbung. Erstveröffentlichung in: Albus, Volker u.a. Hrsg.: Kauf mich! – Prominente als Message und Markenartikel. Köln 1999. Mit freundlicher Genehmigung des Autors.

Walter Grasskamp: Werbefiguren – Ikonen der Warenwelt. Veröffentlicht in: Grasskamp, Walter: Konsumglück – Die Ware Erlösung. München 2000. Mit freundlicher Genehmigung des Autors.

Norbert Bolz: Cargo-Kult und Werbe-Opfer. Was Religion, Gesellschaft und Konsum zusammenhält. Auszug aus: Bolz, Norbert u.a.: Kult-Marketing. Die neuen Götter des Marktes. Düsseldorf 1995, S. 207 ff. Mit freundlicher Genehmigung des Autors.